# Die geheimen SCHÄTZE der französischen KÜCHE

*Murielle Rousseau*

Fotos Marie Preaud

# Die geheimen SCHÄTZE der französischen KÜCHE

## Murielle Rousseau

Fotos Marie Preaud

Lifestyle
BusSE SEEWALD

Für Amandine und Joël

»Sag mir, was du isst und ich sage dir, wer du bist.«

Jean Anthelme Brillat-Savarin (französischer Gastrosoph, 1755–1826)

# INHALT

## — TABLE DES MATIÈRES —

| | |
|---|---|
| VORSPEISEN UND SALATE | 08 |
| Die Schränke unseres Hauses | 10 |
| | |
| FLEISCHGERICHTE | 24 |
| Spaziergang im Schlosswald von Coudrecieux | 28 |
| | |
| FISCH UND MEERESFRÜCHTE | 50 |
| Wie ein Fisch im Wasser – die Bretagne und ihre Angler | 52 |
| | |
| SUPPEN UND EINTÖPFE | 64 |
| Die französischen Suppen und die Rezepte von Mamie | 66 |
| | |
| VEGETARISCHE GERICHTE | 78 |
| Unser alter Gemüsegarten | 80 |
| | |
| KÄSEGERICHTE | 92 |
| Französische Dreieinigkeit: Käsegerichte Brot, Wein und Käse | 94 |
| | |
| SÜSSES UND DESSERTS | 108 |
| Dragées & Bonbonnieren – der Bonbonverkäufer aus der rue au pain | 110 |
| | |
| KUCHEN UND TARTES | 130 |
| Meine süße Küche ist ein boudoir gourmand und ein Liebesnest | 132 |
| | |
| FRÜHSTÜCK UND KONFITÜREN | 144 |
| Pariser Frühstück im Bett oder Brunch | 146 |
| | |
| KALTE UND WARME GETRÄNKE | 156 |
| Das Gartenhäuschen meiner Mutter | 158 |
| | |
| REGISTER | 172 |
| | |
| IMPRESSUM | 176 |

# VORSPEISEN UND SALATE

— ENTRÉES ET SALADES —

*»Das deutlichste Anzeichen von Weisheit ist anhaltend gute Laune.«*
*Michel de Montaigne (französischer Schriftsteller, 1553–1592)*

# Die Schränke unseres Hauses

## — LES ARMOIRES DE NOTRE MAISON —

Dies ist eine Hommage an die Schränke meiner französischen Großmutter, die wir zeitlebens Mamie nannten. So wie ihre Mutter Ida und vor ihr auch ihre Großmutter, übte meine Mamie den Beruf der *tailleuse* – also einer Schneiderin und Wäscherin – aus. Diesen Beruf hatte sie bald nach dem Besuch der katholischen Mädchenschule in Segonzac erlernt. In der Charente, dem Département nördlich von Bordeaux, gab es damals wie heute viele über die sanften Hügel verstreute *Châteaux*, deren Schlossherrren, die *châtelains*, gerne ihre sorgfältigen Schneider- und Wäsche-Dienste in Anspruch nahmen. Neben den langgezogenen Küchen der *Châteaux*, in deren Mitte meist ein stolzer gusseiserner Ofen mit Herd sowie ein offener Kamin thronten, gab es oft ein Wäschezimmer. Es roch nach frisch geschabter Seife und die Düfte von Rosen-und Lavendelwasser vermischten sich mit denen der Speisen, die gleichzeitig auf dem Herd vor sich hin schmorten. Das helle Lachen meiner Urgroßmutter und meiner Mamie hörte man noch draußen auf dem Hof des *Château*.

In großen Kübeln wurde die Wäsche der *châtelains* gekocht und gewaschen, sorgfältig draußen auf langen Leinen an der frischen Atlantikluft getrocknet und später zusammengefaltet. Die erfahrenen Hände meiner Mamie, ihrer Mutter und auch schon deren Großmutter nähten zerrissene Stellen, häkelten nostalgische Säume an Kleider, stickten Initialen in weiße Laken und überhaupt gab es ein reges Kümmern und Pflegen rund um die Stoffe, ob Leinen, Baumwolle, Wolle oder Seide. Sorgfältig wurden Stoffreste aufbewahrt, gerade, wenn es sich um wertvolle *toiles* (Tücher) handelte. Eine Armee von Garnen und Bändern, Wollknäueln und Fäden umringte sie, fein säuberlich in Schubladen, Körbe und Nähkästen geordnet. Stets griffbereit waren die silbernen Fingerhüte, Etuis voller Näh-, Stick- und Stricknadeln jeglicher Größe, Farbe und

Material. Die Blechdosen voller Knöpfe waren für unsere Kinderaugen und -hände unglaublich spannend. Mamie schnitt viele Knöpfe aus alter Kleidung heraus und hob sie wie kleine Schätze bunt zusammengewürfelt auf. Könnten diese Knöpfe Geschichten erzählen! Perlmuttene, hölzerne, silberfarbene und stoffbezogene, winzig kleine bis riesengroße – sie alle waren Relikte vergangener Zeiten, nun bereit für einen neuen Einsatz, für ein neues Leben.

Kein Wunder, dass Mamie später in Saint-Germain-en-Laye bei Paris in der *rue de la Salle* einen kleinen Kurzwarenladen eröffnete. Jahrelang führte sie neben allen Arten von Wolle und Nähgarnen auch Knöpfe, Näh- und Strickutensilien sowie Wäsche der Marke *Petit Bâteau*, winzig kleine weiße, blaue und rosafarbene Baby-Strampler. Schon damals strickte sie bei Bedarf oder auf Bestellung kleine Baby-Wollschuhe oder -jacken der Art, wie man sie heute kaum noch sieht. An den Schubladen des weißen Wäscheschranks hatte mein Großvater messingfarbene Glocken angebracht. Sie klingelten jedes Mal, wenn man die Schubladen öffnete.

*L'armoire à linge,* der Wäscheschrank in unserem über 350 Jahre alten Landhaus *Le Piquet*, erinnert an diese alte Wäschetradition. Das Piquet ist das Familienhaus an der Loire, das nach dem Tod meiner Eltern nun mir gehört und das ich in Teilen des Jahres bewohne. Hier hat jede Tischdecke, jedes Spitzendeckchen seinen Platz. Inmitten dieser Schätze aus Stoff entdeckte ich, fein eingerollt in Leinentischtücher, zwei sehr alte in feines Leder gebundene Bücher, die offensichtlich den Frauen meiner Familie gehörten und aus der Mitte des 19. Jahrhunderts stammen. Ein *ouvrage* über Gartenpflege, Haushalt, Wäsche- und Weinhaltung und ein anderes über Gemüse- und Obstlagerung und die französische Küche. Das alte *manuel de cuisine* sah aus, als wenn es oft und rege benutzt wurde. Es lagen in der Mitte handgeschriebene Blätter mit Rezepten für *lapin sauté, gibier à plumes* oder *les quatre grandes soupes de France,* die offensichtlich eine meiner Ahnen – ich schätze meine Ur-Ur-Urgroßmutter Rousseau – fein säuberlich aufgeschrieben hatte. Welch ein Schatz war mir hier in die Hände gefallen! Aus diesem *manuel de cuisine* habe ich für Sie die Rezepte ausgesucht, die mein Vater und meine Großmutter gerne und oft kochten. Ich habe sie viele Male selbst gekocht und leicht modernisiert.

Öffnen wir also weiter die Schränke unseres französischen Hauses und schauen hinein. Wer weiß, was wir noch entdecken! Es gibt noch *l'armoire à couverts et vaisselles,* in dem Geschirr und Besteck liegen und der eichene *confiturier,* in dem früher Marmeladen und Konfitüren aufbewahrt wurden. Und natürlich der *garde manger!* In diesem ursprünglich weiß gestrichenen und nun etwas abgeblätterten Schrank liegen hinter Gittertürchen alle Lebensmittel, die nicht in den Kühlschrank gehören. Da fällt mir ein: Den werde ich bei Gelegenheit wieder neu streichen!

# Salade Yvette

## KARTOFFEL-SELLERIE-SALAT À LA YVETTE

FÜR 4 PERSONEN

500 g Kartoffeln
4 Eier
2 Stangen Staudensellerie
2 Äpfel
1 Schalotte
100 ml Cidre brut
1 EL Olivenöl
Salz
frisch gemahlener
schwarzer Pfeffer

Die Kartoffeln in Salzwasser gar kochen. Abkühlen lassen, pellen und würfeln. Die Eier hart kochen, abkühlen lassen und pellen. Den Sellerie waschen, in grobe Stücke schneiden und 2–3 Minuten blanchieren. Die Äpfel schälen und in Spalten schneiden. Die Schalotte schälen und fein würfeln.

Kartoffeln, Eier, Sellerie, Äpfel und Schalotten in eine große Schüssel geben. Cidre und Olivenöl darübergeben, salzen, pfeffern und gut vermischen. In eine größere flache Schüssel geben und servieren.

# Gratin de Bleu d'Auvergne aux figues

## — BLAUSCHIMMELKÄSE-GRATIN MIT FEIGEN —

FÜR 4 PERSONEN
4 KLEINE OFENFESTE
FORMEN (16 CM Ø)

125 g Bleu d'Auvergne
(Blauschimmelkäse;
ersatzweise eine andere
Blauschimmelkäsesorte)
100 g Sahne
1 EL Armagnac
50 ml Pineau
1 Ei
frisch gemahlener
schwarzer Pfeffer
frisch geriebene Muskatnuss
2 reife Feigen

Den Ofen auf 220 °C Ober-/Unterhitze (200 °C Umluft) vorheizen. Bleu d'Auvergne mit einer Gabel in einer Schüssel zerdrücken.

Sahne, Armagnac, Pineau, Ei, Pfeffer und Muskat hinzufügen und kräftig zu einer homogenen Masse verrühren. Die Masse in den Formen verteilen.

Die Feigen waschen und in Scheiben schneiden. Fächerförmig auf der Masse verteilen und leicht hineindrücken.

Das Gratin im Ofen etwa 10 Minuten backen, bis die Oberfläche leicht gebräunt ist. Heiß servieren.

»Wenn ich esse, erscheint mir ein Koch
Als ein göttliches Wesen,
Das aus der Tiefe seiner Küche
Die Menschlichkeit regiert.«
Marc-Antoine Désaugiers (französischer Chansonnier, 1772–1827)

# Salade de lentilles aux herbes fraîches et figues

## — LINSENSALAT MIT FRISCHEN KRÄUTERN UND FEIGEN —

**FÜR 4–6 PERSONEN**

1 Zwiebel
3 Gewürznelken
2 Möhren
100 g geräucherter Bauchspeck
200 g Le-Puy-Linsen
1 Stange Staudensellerie
2 Korianderstängel
10 Schnittlauchstängel
1 Schalotte
5 frische Feigen
1 TL Fleur de Sel
4 EL Walnussöl

Zwiebel schälen und mit den Gewürznelknen spicken. Möhren schälen und würfeln, Speck ebenfalls würfeln. Zwiebel, Möhren, Speck und Linsen zusammen etwa 20 Minuten in leicht kochendem Wasser garen. Sie sollten noch Biss haben.

In der Zwischenzeit Sellerie waschen und würfeln. Koriander und Schnittlauch waschen und trocken schütteln. Korianderblättchen abzupfen, Schnittlauch in feine Röllchen schneiden. Schalotte schälen und fein hacken. Feigen waschen und in Scheiben schneiden.

Linsengemüse mit Fleur de Sel und Walnussöl würzen, die gespickte Zwiebel wieder entfernen. Sellerie, Koriander, Schnittlauch, Schalotten und Feigen unterheben. Gründlich durchmischen, etwas abkühlen lassen und lauwarm servieren.

---

***Fleur de Sel** ist ein speziell geerntetes, meist milderes Meersalz – die Königin der Salze! Es wird per Hand von Salzgärtnern gewonnen, die das Meerwasser in besonderen Behältern der Sonne und dem Wind aussetzen, bis das Wasser verdunstet und eine Sole entstanden ist. Die Fleur de Sel, die Salzblume, bildet sich an der Oberfläche der Sole und wird dann abgeschöpft und weiter getrocknet.*

# Pan bagnat

## — PROVENZALISCHER TOMATEN-ZITRONEN-BROTSALAT —

**FÜR 4–6 PERSONEN**

1 Knoblauchzehe
750 g Bauernbrot
3 Kartoffeln
Salz
1 Ei
1 Avocado
1 große Tomate
1 rote Zwiebel
4 Sardellenfilets in Öl
6 schwarze Oliven ohne Stein

**FÜR DAS DRESSING**

1 Stängel glatte Petersilie
Saft von 1 Zitrone
1 EL Olivenöl
Salz
frisch gemahlener
schwarzer Pfeffer

Die Knoblauchzehe schälen. Das Brot in Scheiben schneiden, diese mit der Knoblauchzehe einreiben und dann würfeln. Die Kartoffeln schälen, in Salzwasser gar kochen, abkühlen lassen und vierteln.

Das Ei hart kochen, abkühlen lassen, pellen und in Scheiben schneiden. Avocado schälen, Stein entfernen und das Fruchtfleisch mit einem Eisportionierer zu Kugeln formen.

Tomate waschen und in Scheiben schneiden, Zwiebel schälen und in Ringe schneiden.

Für das Dressing Petersilie waschen, trocken schütteln und die Blättchen fein hacken. Zitronensaft, Olivenöl, Petersilie, Salz und Pfeffer zu einer Vinaigrette verrühren.

Die Sardellen gründlich abtropfen lassen und mit Kartoffeln, Tomate, Zwiebel, Avocado, Ei, Oliven und dem Brot vermischen. Mit der Vinaigrette beträufeln.

Sofort servieren, da das Brot sonst weich wird.

---

*Früher war dieser* **pan bagnat** *ein »Nizzasalat der besonderen Art«. Auf den Salat rieb man altes Brot, das manchmal vorher in Meerwasser eingelegt wurde. Durch das Meerwasser erhielt der Brotsalat seinen einzigartigen Salzgeschmack.*

»Kochen setzt einen leichten Kopf und ein weites Herz voraus.«
Paul Gauguin (französischer Maler, 1848–1903)

# Fonds d'artichauds Parmentier

## ÜBERBACKENE ARTISCHOCKENHERZEN MIT KARTOFFELPÜREE UND EI

FÜR 4–6 PERSONEN

1 kg Kartoffeln
1 Ei
3 Zwiebeln
6 große Artischocken (Sorte »Camus de Bretagne«)
1 EL Olivenöl
300 ml Gemüsebrühe
300 ml Weißwein (Empfehlung: Muscadet)
1 Bio-Zitrone
2 Gewürznelken
3–4 Stängel glatte Petersilie
1 Lorbeerblatt
Salz
frisch gemahlener schwarzer Pfeffer
100 g Butter
100 g Nuss- und Samenmischung (z. B. Kürbiskerne, Walnusskerne)
1 Eigelb

Backofen auf 200 °C Ober-/Unterhitze (180 °C Umluft) vorheizen. Kartoffeln schälen, in Salzwasser gar kochen und abkühlen lassen. Das Ei hart kochen. Die Zwiebeln schälen und fein würfeln. Die Artischocken waschen, von Blättern, Stiel und »Heu« befreien und die Böden vierteln. Die Zwiebeln in einer Pfanne in Olivenöl kurz anbraten. Artischockenböden hinzufügen. Mit Gemüsebrühe und Weißwein ablöschen.

Zitrone vierteln und zwei Spalten mit je einer Gewürznelke spicken. Petersilie waschen, trocken schütteln, Blättchen abzupfen und fein hacken. Petersilie, Lorbeerblatt und alle Zitronenviertel zu der Brühe geben und die Artischockenböden darin 30 Minuten zugedeckt bei schwacher Hitze schmoren lassen. Salzen und pfeffern.

Die Kartoffeln durch eine Kartoffelpresse drücken. Butter und das gekochte Ei in kleinen Bröseln hinzufügen. Gut vermengen.

Kartoffelpüree in die Form geben. Die Artischockenböden aus der Brühe nehmen und kranzförmig auf dem Püree verteilen. Nuss- und Samenmischung darüberstreuen. Nochmals salzen und pfeffern. Eigelb verquirlen, daraufstreichen und alles im Backofen etwa 15 Minuten goldgelb überbacken.

---

*Die ursprünglich wilde Artischocke* **Camus de Bretagne** *stammt aus dem Ouest méditerranéen. Kultiviert wurde sie etwa im Jahr 1810 und ist nun die meistgekaufte Artischockensorte Frankreichs. Die Ernte erfolgt morgens und ausschließlich manuell. Erntezeit ist von Mai bis Mitte November.* **Camus de Bretagne** *besitzt meist eine tiefgrüne geäschte Farbe und ist eng und rund beblättert.*

# Terrine de Roquefort aux pruneaux d'Agen

## ROQUEFORT-TERRINE MIT PFLAUMEN AUS AGEN

**FÜR 4–6 PERSONEN/
1 RECHTECKIGE
TERRINEN-FORM
(10 x 14 CM)**

150 g pruneaux d'Agen
(Pflaumensorte aus der
Gegend von Agen)
100 ml Pineau
50 g Pinienkerne
200 g Roquefort
120 g beurre en pommade
frisch gemahlener
schwarzer Pfeffer

Pflaumen waschen, entsteinen und einige Stunden in Pineau einlegen.
Pinienkerne in einer Pfanne rösten und erkalten lassen.
Roquefort mit einer Gabel zerdrücken. Beurre en pommade und Pfeffer zu dem Roquefort hinzufügen und mit einer Gabel verrühren (keinen Mixer verwenden!), bis die Masse eine cremige Konsistenz hat. Dann die Pinienkerne hinzufügen.
Zuerst eine Schicht Roquefort-Pinienkern-Creme in die Terrine füllen, dann eine Schicht eingelegte pruneaux d'Agen. Abwechselnd so lange schichten, bis alles verbraucht ist. Mit einer Schicht Roquefort-Pinienkern-Creme abschließen. Die Masse gleichmäßig in der Terrine verteilen und etwa 2 Stunden im Kühlschrank kalt stellen.
In der Terrine servieren. Dazu passt getoastetes Nuss- oder Bauernbrot.

---

**Beurre en pommade** ist Butter, die so lange bei Zimmertemperatur geschlagen wurde, bis sie eine cremige Konsistenz hat. Sie wird beispielsweise für Crêpes Suzette verwendet und wird gerne zum Einstreichen eines Bratens im Ofen eingesetzt, da sie sich weit besser auf dem Fleisch verteilen lässt als haselnussgroße Butterstücke.

»Ohne Kern zu sein ist ein Vorteil für die Pflaume, aber nur aus der Sicht derer, die sie essen.«
Paul-Jean Toulet (französischer Schriftsteller und Poet, 1867–1920)

# FLEISCH-GERICHTE

— VIANDES —

*»Jemanden einzuladen heißt, sich um seine Fröhlichkeit zu kümmern, und das jedes Mal, wenn er unter deinem Dach ist.«*
*Jean Anthelme Brillat-Savarin (französischer Gastrosoph, 1755–1826)*

# Spaziergang im Schlosswald von Coudrecieux

## PROMENADE DANS LA FORÊT DE LA PIERRE DE COUDRECIEUX

François, der gutmütige Nachbar aus dem Süden Frankreichs mit dem unverwechselbaren *accent du midi,* kam eigentlich unserer inbrünstig vorgetragenen Bitte fast immer nach. Wir freuten uns so sehr darauf, frühmorgens, wenn die Sonne gerade aufging, mit ihm in den Wald zu gehen, der südlich von unserem Landhaus an das weitläufige Schlossgelände von Coudrecieux angrenzte. Das östliche Rot in den Wolken über den Hügeln verhieß Gutes. Vielleicht würden wir ein Rudel Rehe und Hirsche erspähen, das majestätisch langsam über die Felder schritt, als gäbe es keine Gefahr. Die Wiese unweit unseres Hauses, auf der die grünen Grashalme ihre Tautropfen in der hellen Morgensonne glitzern ließ, war ganz unberührt. Dort schon fanden wir die ersten Wiesenchampignons für unseren nächsten Salat und vielleicht, wenn wir Glück und Geduld hatten, entdeckten wir Steinpilze oder auch *trompètes de la mort* für unser Rührei. Seine geheimen Plätze wollte uns François nicht so gerne verraten. Und er sprach eigentlich auch nicht gerne während des Laufens. Doch begann man eine kulinarische Unterhaltung, gar über Pilze, dann strahlten seine Augen in heller Freude und er geriet ins Schwärmen. In die Steinpilzpfanne, meinte François, sollten wir Knoblauch und zum Schluss auch fein gehackte Petersilie hinzufügen. Sein Pilzmesser mit der leicht gebogenen Klinge lieh er uns gerne. Unsere eigenen Funde landeten nach und nach in unserem Pilzkorb. Wir wussten, dass fast alles davon ungenießbar war, denn er warf ganz *en passant* das meiste in die Natur zurück. Und dann gab es diese leisen, echten Momente, als wir nur noch das Knistern unserer Schritte hörten und das Brechen der Äste unter unserer Last. Wir nahmen wieder die verschlungenen Wege, sodass wir die Äste spürten, die uns streiften, und die mit Moos bewachsenen Stämme anfassen konnten. François lachte nicht, als wir einen der besonders dicken Stämme umarmten. Ich wusste schon, es sah eigenartig aus, aber sie spendeten uns ihre Kraft. Ich hielt meinen Pilzkorb noch etwas fester und erinnerte mich, dass wir eine Thermoskanne mit Kaffee mitgenommen hatten. Nach den ersten zwei Stunden suchten wir uns eine sonnige Stelle und lauschten bei einer Tasse Kaffee dem Wald und dem Singen der Vögel. Vielleicht hörten wir auch den Specht und das Summen der Insekten, womöglich sahen wir auch eine Libelle am nahen Bach. Plötzlich kam von der Seite *père Jousse*, der alte Bauer mit seinem kugelrunden Bauch und dem herzlichen Lachen aus dem Gebüsch, das Gewehr am Riemen lässig über die Schulter geworfen. Er war offensichtlich auf der Jagd. Doch verriet er uns, den leeren Schacht seines Gewehrs öffnend, dass er eigentlich viel lieber einfach so quer durch den Wald zieht und die Natur geniesst. Das Jagdgewehr diente ihm nur als Ausrede für seine Familie, die er so einige Stunden zurücklassen konnte. So saßen wir schließlich alle beisammen inmitten des lauschigen Waldes, François, *père Jousse* und wir.

# Kleine französische Topfkunde

— PETIT BREVIER DE CASSEROLES —

*»Ich will, dass jeder Bauer am Sonntag ein Huhn im Topf hat.«*
*Henri IV Le Grand (König von Frankreich, 1553–1610)*

Die französische Küche hat viele grundlegende Kochbegriffe geprägt: Zubereitungsarten, Gemüseschnitte, »à la«-Herkunftsbezeichnungen für Saucen und Gerichte. Doch auch die Kochtöpfe haben oft französische Namen:

CUIVRE: Kupfertopf, der die Hitze gut speichert und sie gleichmäßig verteilt.

TERRINE: ovale hitzebeständige Form

COCOTTE: feuerfester Schmortopf

COCOTTE MINUTE (UGS.): Schnellkochtopf

MARMITE: größerer feuerfester Schmortopf

BRAISIÈRE: Bräter

RONDEAU: großer Topf mit flachem Rand

CASSOLETTE: Ragoutpfännchen, meist aus feuerfestem Porzellan

POISSONIÈRE: Fischkessel, in den ein ganzer Fisch passt

SAUTEUSE/SAUTOIR: kleine Schwenkpfanne

## Le saviez-vous ? Wussten Sie das?

Bis ins Mittelalter gab es – außer in Klöstern oder Hofküchen – nur ein einziges Kochgefäß pro Haushalt, meist einen schweren gusseisernen Kochkessel. Er wurde über das offene Feuer an eine schwere Kette gehängt und diente der Zubereitung des einen Gerichts, das meistens ein Eintopf war. Täglich wurden die Zutaten und das Wasser für den Eintopf nachgefüllt und der Topf wurde nur selten komplett geleert oder gar gereinigt. Als wir unser Landhaus an der Loire kauften, das früher kein Ferienhaus, sondern ein typisches Bauernhaus war, hing über der Feuerstelle genau so ein alter Kessel. Heute gibt es natürlich auch dort moderne Kessel, meist flacher und mit einem Deckel versehen.

# Coq au vin jaune

## — HÄHNCHEN IN VIN JAUNE —

**AM VORTAG ZUBEREITEN**
**FÜR 4–6 PERSONEN**

2 Möhren
3 Zwiebeln
1 *Bouquet garni*
1 Flasche *Vin Jaune*, evtl. etwas mehr nach Bedarf
20 ml Cognac
2 EL Olivenöl
3–4 Knoblauchzehen
10 küchenfertige Hähnchenteile
3 EL Weizenmehl
250 ml Hühnerbrühe
150 g kleine Champignons
150 g Räucherspeck
150 g Schalotten
50 g Butter

Möhren und Zwiebeln schälen. Möhren in dünne Scheiben schneiden, Zwiebeln würfeln. Das Bouquet garni in etwa 1 cm lange Stücke schneiden. *Vin Jaune*, Cognac, 1 EL Olivenöl, Möhren, Zwiebeln, angedrückte, ungeschälte Knoblauchzehen und Bouquet garni zu einer Marinade vermischen. Die Hähnchenteile darin etwa 12 Stunden marinieren. Dann Hähnchenteile abtropfen lassen und im restlichen Olivenöl in einer großen Pfanne von allen Seiten anbraten. Gemüse aus der Marinade hinzufügen und mit Weizenmehl bestäuben. Umrühren und leicht bräunen lassen.

Marinadeflüssigkeit und Hühnerbrühe hinzufügen. Bei Bedarf noch weiteren *Vin Jaune* zugeben, damit das *Coq au vin jaune* vollständig bedeckt ist. 1 Stunde sanft köcheln lassen.

Champignons putzen, Speck und Schalotten fein würfeln. Champignons, Speck und Zwiebeln kurz in einer Pfanne anbraten und zusammen mit der Butter 5 Minuten vor Ende der Garzeit des *Coq au vin jaune* hinzufügen.

Dazu werden Kartoffeln und Croûtons gereicht.

———

*Ein **Bouquet garni** besteht meist aus drei oder vier Petersilienstängeln, zwei Lorbeerblättern, die mit zwei Gewürznelken gespickt sind, einem Thymianzweig, je einem Stück Staudensellerie und Lauch. Die verschiedenen Kräuter und Gemüsestücke, die mit einem Faden zu einem Sträußchen gebunden werden, kann man auch variieren. So eignen sich zum Beispiel auch prima Basilikum, Pimpernelle, Kerbel, Rosmarin, Bohnenkraut, Zitronenschale oder Lavendel.*

*Der **Vin Jaune** stammt aus dem Jura. Nur aus einer Rebsorte gekeltert (der weißen Sorte Savagnin), ähnelt der Wein im Geschmack dem Sherry, mit dem er häufig verglichen wird. Die ältesten Rebparzellen liegen in der Nähe des französischen Städtchens Château-Chalon.*

*Sollten Sie keinen **Vin Jaune** finden, können Sie das Gericht auch mit **Bourgogne blanc** kochen. Der **Bourgogne blanc** ist ein eher trockener Weißwein aus dem Osten Frankreichs, in dem die bekannten Weingegenden von Chablis, Côte de nuits, Côte de Beaune oder Côte Chalonnaise und de Mâcon liegen. Oft haben diese Weine eine Haselnuss-, Mandel- und Muskatnote. Eine gute Empfehlung ist z. B. der Domaine de Villaine Bourgogne Les Clous.*

# Marmite de veau au Pineau des Charentes

## KALBSEINTOPF AUS DER CHARENTE

**FÜR 4 PERSONEN**

1 kg Kalbsnuss
50 g Butter
50 g Weizenmehl
500 ml Gemüsebrühe
Salz
frisch gemahlener schwarzer Pfeffer
1 Bouquet garni
2 Möhren
150 g frische dicke Bohnen (alternativ aus der Dose)
10 Schalotten
3 Äpfel
100 g Erbsen
50 g Puderzucker
1 Prise Zimt
100 ml Pineau
200 g Crème fraîche
1 Eigelb

Die Kalbnuss in große Stücke schneiden und die Butter in einem Topf erhitzen. Das Fleisch darin von allen Seiten anbraten, bis es goldgelb ist. Mit Weizenmehl bestäuben, die Brühe darübergeben, salzen und pfeffern. Das Bouquet garni hinzufügen. Den Topf schließen und das Fleisch etwa 1 Stunde 15 Minuten köcheln lassen.

In der Zwischenzeit Möhren schälen und in feine Stäbchen schneiden. Frische dicke Bohnen aus den dünnen weißen Häutchen drücken, Dosenbohnen abgießen und abspülen. Die Schalotten schälen und halbieren. Äpfel schälen, achteln und die Kerngehäuse entfernen. Möhren, frische dicke Bohnen, Erbsen und Schalotten etwa 10 Minuten zusammen in Salzwasser bissfest garen, dann abgießen.

Nach etwa 3/4 der Garzeit des Fleisches das bissfest gegarte Gemüse zum Fleisch geben. 10 Minuten vor Ende der Garzeit auch die Äpfel hinzufügen und mitgaren.

Puderzucker und Zimt hinzufügen, gut umrühren, dann auch den Pineau zugeben.

Crème fraîche mit Eigelb verrühren. Etwas von der Garflüssigkeit des Fleisches unterrühren.

Die Kalbsstücke aus dem Topf nehmen und warm halten. Die angerührte Crème fraîche in die Kochbrühe rühren. Die Kalbsstücke auf eine vorgewärmte Platte legen, das Gemüse aus dem Topf darum verteilen und die Sauce darübergeben.

Zu diesem deftigen Kalbseintopf passen Dampfkartoffeln oder Reis.

# Escalope de veau au caramel d'orange

## — KALBSSCHNITZEL MIT ORANGENKARAMELL —

FÜR 4 PERSONEN

4 dünne Kalbsschnitzel
40 g Butter
Salz
frisch gemahlener schwarzer Pfeffer
2 Schalotten
70 g Zucker
70 ml Rotweinessig
Saft von 2 Orangen
1 EL Speisestärke
50 ml Pineau
1 EL Grand Marnier

Die Kalbsschnitzel in der Butter anbraten, dabei hin und wieder wenden. Die Garzeit beträgt – je nach Dicke des Fleisches – bis zu 5 Minuten. Fleisch salzen und pfeffern. Die Schalotten schälen, würfeln und nach der Hälfte der Garzeit hinzufügen. Fleisch warm stellen. Den Bratensaft nicht aus der Pfanne gießen.

Zucker und Essig in einem kleinen Topf unter Rühren zum Kochen bringen und so lange rühren, bis ein feiner, heller Karamell entsteht. Orangensaft hinzufügen und weiterrühren.

Stärke mit Pineau und Grand Marnier verrühren und in die Pfanne zu dem Bratensaft geben. Unter Rühren aufkochen lassen. Dann den Karamell hinzufügen und unter Rühren 1–2 Minuten bei mittlerer Hitze köcheln und reduzieren lassen. Salzen und pfeffern. Nochmals aufkochen lassen, damit die Sauce eindickt.

Kalbsschnitzel in die Pfanne geben und mehrmals darin wenden, damit sie von der Karamellsauce gut benetzt werden.

Mit Nudeln oder Kartoffeln servieren.

# Saucisses aux échalotes de Toulouse

## — WÜRSTE MIT ROTEN SCHALOTTEN —

**FÜR 4 PERSONEN**

500 g Speck
2 rote Schalotten
1,5 kg mageres Schweinehackfleisch
40 g Salz
frisch gemahlener schwarzer Pfeffer
1 TL Zucker
Schweinedarm (beim Metzger erhältlich)
2 EL Sonnenblumenöl

Speck fein schneiden, Schalotten schälen und fein hacken. Hackfleisch, Speck, Schalotten, Salz, Pfeffer und Zucker gründlich vermengen.
Die Masse mit einem Trichter vorsichtig in den gespannten Schweinedarm füllen und alle 10 cm abdrehen oder zuschnüren, sodass grobe Würste entstehen.
Das Öl in einer Pfanne erhitzen und Würste darin rundum goldbraun braten.
Mit Kartoffelpüree servieren.

# Raviolis à la niçoise

## NIZZARAVIOLI

**FÜR 4 PERSONEN**

**FÜR DEN TEIG**
500 g Weizenmehl plus etwas für die Arbeitsfläche
5 Eier
Salz

**FÜR DIE FÜLLUNG**
2 Sardellen
½ Bund glatte Petersilie
3 getrocknete Tomaten
125 g gewürztes Hackfleisch (oder Fleischreste)
Salz
frisch gemahlener schwarzer Pfeffer

**AUSSERDEM**
20 g Butter
würziger Käse (z. B. Gruyère)

Mehl, Eier und Salz zusammen in eine große Schüssel geben und mit ca. 100 ml Wasser verkneten, sodass ein geschmeidiger, elastischer Teig entsteht. Auf einer bemehlten Arbeitsfläche etwa 2 mm breit ausrollen. Aus dem Teig mit einem Glas kleine Kreise ausstechen.

Für die Füllung die Sardellen fein hacken, Petersilie waschen, trocken schütteln und Blättchen fein hacken. Getrocknete Tomaten etwas klein schneiden. Alles mit Hackfleisch, Salz und Pfeffer vermischen.

Die Nudelkreise zu einer Hälfte mit der Füllung belegen und die andere Hälfte darüberklappen. Mit den Fingern seitlich schließen, dabei den Rand immer wieder leicht mit Wasser befeuchten. Etwas trocknen lassen.

In reichlich kochendem Salzwasser 10–12 Minuten kochen. Mit zerlassener Butter und geriebenem Käse servieren.

# Boeuf carotte au vin blanc du Château de Rully

## — RINDERSCHMORBRATEN MIT MÖHREN IN WEISSWEIN —

**FÜR 4 PERSONEN/
1 SCHMORTOPF MIT
DECKEL**

50 g Butter
150 g Speck mit Schwarte
60 g Zwiebeln
1 kg Möhren
1 Bund Suppengrün
900 g Rindfleisch aus der Hüfte
300 ml Gemüsebrühe (evtl. etwas mehr)
300 ml Weißwein (aus dem Chateau de Rully oder ein ähnlicher Weißwein aus dem Burgund)
Salz
frisch gemahlener schwarzer Pfeffer
2 EL Weizenmehl

Den Backofen auf 180 °C Ober-/Unterhitze (160 °C Umluft) vorheizen.
Den Schmortopf mit der Butter ausreiben und den Speck hineinlegen. Zwiebeln schälen und in dünne Ringe schneiden, Möhren schälen und in dünne Scheiben schneiden. Das Suppengrün ebenfalls waschen, putzen und klein schneiden.
Das Fleisch in grobe Stücke schneiden, im Schmortopf verteilen und unter Rühren kurz anbraten. Zwiebeln und Möhren sowie Brühe und Weißwein hinzufügen, salzen und pfeffern. Dann auch Mehl und Suppengrün zugeben und den Schmortopf mit dem Deckel schließen. Alles zum Kochen bringen. Sobald es kocht, den Topf in den Backofen schieben und alles 4 Stunden schmoren, bis das Fleisch mürbe ist.
Während der letzten Stunde alle 10 Minuten mit dem Bratensaft begießen.
Dazu passen Dampfkartoffeln.

# Lapin au cidre

## — KANINCHENBRATEN MIT CIDRE —

FÜR 4 PERSONEN

1 ganzes Kaninchen (ca. 1,5 kg)
100 g Zwiebeln
200 g geräucherter Speck
40 g Butter
50 g Weizenmehl
300 ml Cidre, evtl. etwas mehr
300 ml Gemüsebrühe
Salz
frisch gemahlener schwarzer Pfeffer
500 g mittelgroße Kartoffeln
2–3 Stängel glatte Petersilie

Das Kaninchen ausnehmen und das Fleisch in Stücke schneiden.
Zwiebeln schälen, Speck und Zwiebeln würfeln und beides in einem großen Topf in Butter anbraten. Das Fleisch hinzufügen und unter Rühren anbraten, bis es eine schöne goldgelbe Farbe angenommen hat. Mit Weizenmehl bestäuben, mit Cidre und Brühe begießen, salzen und pfeffern.
Etwa 1 Stunde 15 Minuten zugedeckt köcheln lassen. Dabei hin und wieder umrühren.
In der Zwischenzeit die Kartoffeln schälen und vierteln. Etwa 40 Minuten vor Ende der Garzeit, ggf. zusammen mit weiterer Brühe und Cidre, hinzufügen. Die Kartoffeln müssen bedeckt sein.
Zum Servieren in eine große Schüssel geben. Petersilie waschen, trocken schütteln, Blättchen hacken und darüberstreuen.

# Poulet flambé au calvados

## — MIT CALVADOS FLAMBIERTES HÄHNCHEN —

FÜR 4 PERSONEN

2 EL Olivenöl
1 küchenfertiges Hähnchen
50 g Butter
100 ml Calvados
1 Apfel
2 Eigelb
200 g Crème fraîche
Salz
frisch gemahlener schwarzer Pfeffer

Olivenöl in einem großen Topf erhitzen. Das Hähnchen darin von allen Seiten anbraten, bis es goldgelb ist. Hähnchen aus dem Topf nehmen und das Öl ausgießen. Die Butter in den Topf geben.

Calvados in einem kleinen Topf zum Kochen bringen. Das Hähnchen zu der Butter in den großen Topf geben. Mit dem erhitzten Calvados übergießen und flambieren. Den Topf schließen und das Hähnchen garen. Ab und zu wenden und ggf. Wasser hinzufügen, falls die Flüssigkeit nicht ausreicht.

Nach 20 Minuten den Apfel schälen, achteln und das Kerngehäuse entfernen. Apfelstücke zum Hähnchen geben und das Hähnchen noch weitere 20 Minuten garen. Das Hähnchen wieder aus dem Topf nehmen und warm halten.

Eigelbe mit Crème fraîche vermengen, in einem kleinen Topf etwa 2 Minuten erhitzen, salzen und pfeffern. Ganzes Hähnchen auf eine vorgewärmte Platte geben und die Sauce darübergeben.

Das Calvadoshähnchen passt gut zu einer Kartoffel- oder Maronenpfanne. Wer mag, fügt noch Rosinen oder Speck hinzu.

# Gâteau de pommes de terre charentais

## — KARTOFFELKUCHEN AUS DER CHARENTE —

AM VORTAG ZUBEREITEN
FÜR 6 PERSONEN/
1 SPRINGFORM

FÜR DEN TEIG
250 g Weizenmehl
1 EL Öl
1 Prise Salz
125 g Butter

FÜR DIE FÜLLUNG
3,5 kg Kartoffeln
1 Bund glatte Petersilie
3 Knoblauchzehen
1 Thymianzweig
2 l Vollmilch
400 g Rindswurst
Salz
frisch gemahlener
schwarzer Pfeffer
1 Ei
400 g Crème fraîche
1 EL Pineau

Für den Tarteteig Mehl in eine Schüssel geben und in die Mitte eine Mulde drücken. Öl, Salz und Butter in die Mulde geben und alles zu einem Teig verkneten. Teig dabei immer wieder mit Wasser befeuchten und mit der flachen Hand kneten. Teig zu einer Kugel formen und in Folie gewickelt ½ Tag ruhen lassen.

Die Kartoffeln am Vortag schälen und in dünne Scheiben schneiden. Die Petersilie waschen, trocken schütteln und die Blättchen fein hacken, Knoblauch schälen und fein hacken. Thymian, Petersilie, Knoblauch und Milch in einer Schüssel vermischen, die Kartoffeln hineingeben und im Kühlschrank über Nacht marinieren. Am nächsten Tag abtropfen lassen. Die Milchmischung aufbewahren.

Das Wurstbrät aus der Wurst drücken und in einer Pfanne ohne Fett scharf anbraten. Abtropfen lassen und beiseitestellen.

Drei Viertel des Tarteteigs dünn ausrollen und die Form damit auslegen, dabei einen Rand hochziehen. Im Wechsel mit den Kartoffelscheiben und dem Fleisch bis an den oberen Rand belegen. Dabei jede Kartoffelschicht mit Salz und Pfeffer würzen. Nach der letzten Schicht ein Achtel der Milchmischung über die Kartoffeln geben und den Tarteteig leicht nach innen darüberschlagen. Die restliche Milchmischung weggießen.

Aus dem restlichen Teig einen runden Deckel ausrollen, auf die Tarte legen und fest andrücken. Das Ei verquirlen und die Ränder damit verkleben. Die Oberfläche des Teigs mit etwas Ei bepinseln. Mit einem Messer ein wellenförmiges oder karoartiges Muster einritzen. In die Mitte mit dem Messer ein Loch bohren. Ein zusammengerolltes Stück Backpapier als »Schornstein« hineinstecken. Den Kuchen etwa 30 Minuten in den Kühlschrank stellen. Dann den Backofen auf 220 °C Ober-/Unterhitze (200 °C Umluft) vorheizen, den Kuchen nochmals mit Ei bepinseln und ca. 1 Stunde backen. Nach etwa 50 Minuten den Springformrand entfernen.

Crème fraîche und Pineau in einem Topf langsam erhitzen. Am Ende der Garzeit in das Loch füllen, damit sich die Mischung gut in der Mitte des Kuchens verteilen kann. Dazu passt Spargelsalat mit einer französischen Vinaigrette.

# FISCH UND MEERESFRÜCHTE

— POISSONS ET FRUITS DE MER —

*»Die Wahrheit ruht auf dem Boden des Kochtopfes.«*
*Paul Bocuse (französischer Koch, Gastronom und Kochbuchautor, 1926)*

# Wie ein Fisch im Wasser – die Bretagne und ihre Angler

## COMME UN POISSON DANS L'EAU
## LA BRETAGNE ET SES »PÊCHEURS À PIEDS«

Die alte, kleine Mauricette kommt in grünen Gummistiefeln, groben Lederhandschuhen und mit zwei weißen Plastikeimern herangestiefelt. Anderhalb Stunden vor Einsetzen der Ebbe sucht sich die *pêcheuse à pieds* – wie man die Muschelsucher in der Bretagne nennt – an der *côte sauvage* die schwarzen Felder voller Muscheln aus, die sie gleich mit ihrem scharfen Opinel-Messer bearbeiten wird. Die *côte sauvage* sei, wenn man sie von oben sähe, eigentlich eine *côte dentelles*, eine Landschaft voller Spitzen aus feinem hellen Sand und schwarz-grauen Felsen, meint sie. Das Rauschen des Atlantiks, die regelmäßigen weißen Schaumkronen der Wellen in ihrem Rücken, all das spürt Mauricette. Sie hört auch die Kinder in der Nähe, die eigentlich mit ihren kleinen grünen Fischernetzen auf Fang in den Felsen unterwegs sind und dann doch bei der Betrachtung von Seesternen hängen bleiben, die von der Ebbe zurückgelassen wurden. Mauricette riecht das Salz, das die Bretagne so berühmt gemacht hat. Doch sie widmet sich den Muschelfelsen, da sie weiß, dass die Flut schnell kommt, auf den letzten Metern sogar rasend schnell. Sie schneidet mit dem Messer und kratzt den Muschelbart ab, die feinen Härchen, die aus den Muscheln ragen, und schon wandert ein Teil ihres Mittagessens in den Eimer.

Der bretonische Strand mit seiner Felsenlandschaft bietet eigentlich eine ganze Mahlzeit. Es sind nicht nur die Miesmuscheln, die gesammelt werden, sondern auch kleine *bigorneaux* – knapp 4 cm große, grüne oder schwarze, sehr schmackhafte Schneckchen. Die grünen und schwarz-braunen Algen ergeben einen guten, sehr einfachen Salat, der mit einem *filet d'huile d'olive* und vielleicht noch etwas Petersilie auskommt. In der Bretagne werden auch die *salicornes* gesammelt und – ähnlich wie *cornichons* – als Meeresspargel sauer eingelegt. An den Salzständen der Salinen der bretonischen Halbinsel Richtung *Le Croisic* kann man diese kleinen einfachen Delikatessen in Gläsern kaufen. Mit einem herzhaften *paté de campagne* und frischem Baguette serviert ergibt das eine leckere *entrée*.

Miesmuscheln im Topf mit Zwiebeln und Weißwein gekocht und anschließend mit einem Klecks Crème fraîche verfeinert, waren lange den Monaten mit »r« vorbehalten. Das war zu einer Zeit, als man die sommers gesammelten Gifte aus der Algenblüte noch nicht aus den Muscheln zu entfernen wusste und damit eine einfache Faustregel für garantiert ungefährliche Ware herzuhalten hatte. Um die Muscheln aus ihren Schalen zu greifen, verwendete man in unserer *famille Rousseau* eine leere Muschelschale als kleines Esswerkzeug. Kranzförmig werden die leeren Muschelschalen um den Topf gelegt, später hilft ein *bol* mit *eau de citron* dabei, die Hände schnell am Tisch zu waschen. Den Kindern gefällt das! Bei uns zu Hause und in den Restaurants rund um die Atlantik- und die Mittelmeerküste werden Fisch und Meeresfrüchte wie selbstverständlich zubereitet. Es braucht so wenig – etwas Öl oder Butter, den Saft einer Zitrone, in den Sommermonaten eventuell noch eine Tomate für eine einfache Sauce.

In Mauricettes Eimer liegt ein Netz, das aus ihrer eigenen Apfelplantage stammt. Dort hängen die Netze unter den Bäumen, um die fallenden süßen Obststücke aufzusammeln. Hier, in ihrem Muscheleimer, haben die Netze eine ganz eigene Funktion. Am Schluss ihrer *pêche à pieds* zieht Mauricette ihre Gummistiefel aus, greift zum Netz voller Muscheln und schreitet zielsicher zur Brandung. Mit großen Bewegungen schüttelt und rüttelt sie das Netz im Meerwasser und reinigt die Muscheln so auf ganz natürliche Weise. Nun sind sie kochfertig.

In ihrem zweiten Eimer sammelt sie die braun-schwarzen Algen, die den Felsen von Weitem ihre dunkle Farbe geben. Zurück in ihrer Apfelplantage wird sie in großen Behältern diese Algen aufschütteln und die Muscheln darin lagern, die so zwei, drei Tage in ihrem natürlichen Bett frisch bleiben, bis Mauricette sie für ihre Familie zubereitet. Einen ihrer Äpfel kocht sie übrigens immer in ihrem Muschelsud mit – das fügt diesem sonst salzigen Gericht eine sämige, süß-saure Komponente bei. Dazu Cidre brut – *un dîner maritime parfait!*

# Moules bretonnes

## — MIESMUSCHELN BRETONISCHER ART —

**FÜR 4 PERSONEN**

2 kg Miesmuscheln mit geschlossener Schale
3 Schalotten
2 Knoblauchzehen
1 Thymianzweig
2 EL gehackte glatte Petersilie
1 l Cidre brut
100 g Crème fraîche

Muscheln in reichlich kaltem Wasser gründlich abspülen und mit einer Bürste vom Sand befreien. Muscheln, die sich dabei öffnen, wegwerfen.
Schalotten und Knoblauch schälen und fein hacken. Thymian waschen, trocken schütteln und die Blättchen fein hacken. Schalotten, Knoblauch, Kräuter und Cidre in einen großen Schmortopf geben. Muscheln unterrühren und so lange kochen, bis sich die Muschelschalen öffnen. Dabei gelegentlich umrühren.
Zum Schluss Crème fraîche unterrühren.

### Tipp

Muscheln, deren Schalen sich nicht geöffnet haben, nicht verzehren oder gewaltsam öffnen. Sie sind meist ungenießbar.
Den Muschelsud trinken manche Franzosen löffelweise wie eine Suppe.

# Sole normande

## SEEZUNGE AUF NORMANNISCHE ART

**1 TAG IM VORAUS ZUBEREITEN**
**FÜR 3 PERSONEN**

- 2 Möhren
- 1 Zwiebel
- 2 EL Öl
- Saft von 2 Zitronen
- 3 küchenfertige mittelgroße Seezungen (vom Fischändler geschuppt, gehäutet und filetiert)
- 200 ml Weißwein oder Cidre
- 80 g Butter
- 200 g Champignons
- Fett zum Braten
- 500 ml Vollmilch
- 2 EL Weizenmehl
- 2 Eigelb
- Salz
- evtl. Reste der »Muscheln bretonischer Art« (siehe S. 54)
- 1 EL gehackte glatte Petersilie

Möhren und Zwiebel schälen. Möhren in Scheiben und Zwiebel in Ringe schneiden. Möhren, Zwiebel, Öl und Zitronensaft zu einer Marinade vermischen und die Seezungen 12 Stunden darin einlegen.

Dann den Backofen auf 200 °C Ober-/Unterhitze (180 °C Umluft) vorheizen. Den Wein in einem kleinen Topf erwärmen. Seezungen zusammen mit der Marinade und dem Wein in eine ofenfeste Form geben.

Etwa die Hälfte der Butter in Stücken auf den Seezungen verteilen. Fisch 20 Minuten im vorgeheizten Backofen backen. Dann den Fisch aus der Marinade nehmen und warm halten.

In der Zwischenzeit die Pilze putzen, vierteln und in einer Pfanne in etwas Fett anbraten. Die Marinade durch ein Sieb in einen Topf streichen und mit der Milch auffüllen. Mehl und restliche Butter hinzufügen und unter Rühren bei schwacher Hitze eindicken lassen. Dann die Eigelbe unterrühren und salzen.

Die Sauce über die Seezungen geben. Champignons und eventuell Muscheln bretonischer Art darum herum drapieren. Seezunge mit Petersilie bestreuen.

# Quenelles lyonnaises – Coulis de Tomate aux olives noires

## FISCHKLÖSSCHEN AUS LYON MIT TOMATEN-OLIVEN-COULIS

**FÜR 4 PERSONEN**

200 g weiches Weißbrot
200 ml Vollmilch
500 g Hechtfilet
250 g weiche Butter
4 Eier
Salz
frisch gemahlener schwarzer Pfeffer
Weizenmehl zum Wälzen

**FÜR DIE TOMATEN-OLIVEN-COULIS**

30 g Zwiebeln
20 g Schalotten
10 g Knoblauch
150 ml Olivenöl
2 kg Tomaten
1 EL gehackter frischer Thymian
2 EL gehackte glatte Petersilie
1 EL Tomatenmark
100 g schwarze Oliven ohne Stein
Salz
frisch gemahlener schwarzer Pfeffer

Das Brot ca. 5 Minuten in der Milch einweichen.

Fisch sorgfältig entgräten und enthäuten. Mit einer Gabel zerdrücken. Eingeweichtes Brot mit der Hand ausdrücken, zusammen mit der Butter zum Fisch geben und zu einem homogenen Teig verkneten.

Die Eier einzeln hinzufügen. Salzen, pfeffern und einige Stunden ruhen lassen. Dann aus dem Teig fingerförmige Klößchen formen. Die Klößchen in Mehl wälzen und etwa 10 Minuten in kochendem Wasser garen. Gut abtropfen lassen.

Für die Tomaten-Oliven-Coulis Zwiebeln, Schalotten und Knoblauch schälen und fein hacken. Wenig Öl in einem Topf erhitzen und Zwiebeln, Schalotten und Knoblauch darin dünsten. Tomaten mit kochendem Wasser überbrühen, kurz stehen lassen, dann häuten, die Blütenansätze entfernen und die Tomaten klein schneiden. Tomaten und Kräuter zusammen mit Tomatenmark in den Topf geben. Topf schließen und alles etwa 15 Minuten dünsten. Erkalten lassen.

Die Sauce mit dem Pürierstab mixen. Langsam das restliche Öl hinzufügen und mit dem Kochlöffel verrühren. Große Oliven nach Bedarf halbieren und hinzufügen. Die Tomaten-Oliven-Coulis erneut erwärmen und mit Salz und Pfeffer kräftig abschmecken.

Klößchen in der Tomaten-Oliven-Coulis wenden, sodass sie gut umhüllt sind und servieren. Dazu passen Dampfkartoffeln und ein grüner Blattsalat mit einer kräftigen Vinaigrette.

# Potée normande

## — FISCHEINTOPF À LA NORMANDIE —

**FÜR 6 PERSONEN**

4 kleine Zwiebeln
1 kg Miesmuscheln mit geschlossenen Schalen (oder Reste der »Muscheln bretonischer Art«, siehe S. 54)
150 ml Cidre
150 ml Pineau
Butter zum Dünsten
700 g Kartoffeln
300 g Seehecht- oder Schellfischfilet
350 g Seelachsfilet
Salz
frisch gemahlener schwarzer Pfeffer
200 g Crème fraîche
1 EL fein gehackte glatte Petersilie

Die Zwiebeln schälen und würfeln. Muscheln in reichlich kaltem Wasser gründlich abspülen und mit einer Bürste vom Sand befreien. Muscheln, die sich dabei öffnen, wegwerfen. Die Hälfte der Zwiebeln mit den Miesmuscheln und dem Cidre in einen Topf geben. Zum Kochen bringen und umrühren, damit die Muscheln stets gut von Cidre bedeckt sind. So lange kochen, bis sich die Muscheln öffnen.

Muscheln aus dem Topf nehmen, das Muschelfleisch aus der Schale lösen und beiseitestellen. Pineau zum Muschelsud geben und die Flüssigkeit unter leichtem Köcheln um ein Drittel reduzieren.

Die Butter in einem Topf erhitzen und die restlichen Zwiebeln darin andünsten. Kartoffeln schälen und in Scheiben schneiden. Fischfilets in Streifen schneiden. Die Kartoffeln in den Topf geben, salzen und mit dem Muschelsud begießen, sodass sie leicht bedeckt sind. Sud zum Kochen bringen, den Topf schließen und die Kartoffeln 10–15 Minuten köcheln lassen.

Dann den Fisch auf die Kartoffeln legen, salzen und pfeffern und etwa 3 Minuten zugedeckt weiterkochen. Crème fraîche und Muscheln auf Kartoffeln und Fisch verteilen und weitere 3 Minuten kochen lassen, bis sich die Crème fraîche gut mit den restlichen Zutaten vermischt hat.

Den Fisch mit der Petersilie bestreuen und sofort servieren.

# Homard à l'armoricaine

**FÜR 4 PERSONEN**

2 lebende Hummer
(à 700–800 g) oder
tiefgekühltes Hummerfleisch
2 Tomaten
2 Knoblauchzehen
2 Schalotten
100 ml Olivenöl
100 ml Cognac, evtl.
etwas mehr
½ TL Zucker
1 Estragonzweig
1 kleines Bund Thymian
2 Lorbeerblätter
⅓ TL Cayennepfeffer
20 g Butter
Salz
frisch gemahlener
schwarzer Pfeffer
500 ml Muscadet (oder vergleichbarer trockener Wein)
1 Bund glatte Petersilie

Hummer nacheinander jeweils 3 Minuten in kochendes Wasser geben. Den Topfdeckel jedes Mal sofort schließen, damit die Temperatur nicht so stark absinkt. Hummer müssen sich beim Kochen in ein leuchtendes Rot-Orange mit bräunlichen Nuancen verfärben. Nach dem Herausnehmen abschrecken und abkühlen lassen.

Tomaten kurz in das kochende Wasser tauchen, sodass sie sich leicht schälen lassen. Schale und Blütenansätze entfernen und die Tomaten vierteln.

Hummer flach auf ein Arbeitsbrett (mit umlaufender Rinne) drücken und am Kopf beginnend längs aufschneiden. Dann den Magensack (direkt vorne) entfernen und wegwerfen. Die cremige Masse, Leber und ggf. Corail (Rogen) entnehmen und zusammen mit dem beim Zerlegen austretenden Saft zur weiteren Verwendung aufbewahren. Den ungenießbaren Darm aus dem Hummerschwanz entfernen und wegwerfen. Scheren vom Körper abdrehen und leicht anschlagen, sodass die Schale bricht. Schwanzhälften und Beine mit einem scharfen Messer abtrennen.

Knoblauch und Schalotten schälen und fein hacken. Olivenöl in einer Pfanne erhitzen und alle verwendbaren Hummerteile bis auf die Innereien scharf anbraten. Mit Cognac begießen und flambieren.

Knoblauch und Schalotten dazugeben und unterrühren. Kurz weiterbraten, dann Tomaten, Zucker, Kräuter und Cayennepfeffer hinzufügen, salzen und pfeffern. Bei schwacher Hitze 5 Minuten köcheln lassen. Hummerteile dabei immer wieder wenden. Weißwein dazugeben, Topf schließen und 15 Minuten weiterköcheln lassen.

Die Hummerteile aus dem Topf nehmen und die Sauce durch ein Sieb geben. Mit den aufbewahrten Hummerinnereien und dem ausgetretenen Saft verrühren und im Topf bei starker Hitze 5 Minuten reduzieren. Die kleinen Eier des Rogens verfärben sich wie die Hummerschalen ebenfalls orange-rot. Hummerteile nochmals hinzugeben und warm werden lassen, dann auf die vorgewärmte Platte legen.

Butter in die Sauce rühren, evtl. auch noch einen kleinen Schuss Cognac. Sauce auf die Hummerstücke geben. Petersilie waschen, trocken schütteln, Blättchen hacken, den Hummer damit bestreuen und sofort servieren.

# SUPPEN UND EINTÖPFE

— SOUPES ET POTÉES —

»Ich lebe von guter Suppe und nicht von schöner Sprache.«
Molière (französischer Dramaturg und Schauspieler, 1622–1673)

# Die französischen Suppen und die Rezepte von Mamie

## — LES SOUPES FRANÇAISES ET LES — RECETTES DE MAMIE

Das vergilbte Kochbuch meiner Vorfahren, das in unserem Wäscheschrank eingewickelt in Tüchern lag, verriet uns viel über französische Suppen. Nachdem ich es entdeckt hatte, verglich ich die Rezepte mit denen, die unsere Mamie kochte und die ich so liebte. Stammten die Suppenrezepte, die sie benutzte, womöglich aus diesem Buch? Was hatte sie an den Rezepten verändert, was war wie anno 1878? Mamie kochte liebevoll jeden Tag eine andere Suppe als ersten Gang in ihrer Speisefolge. Ihre Mahlzeiten hatten stets mittags und abends vier Gänge, auch als sie nach dem Tod meines Großvaters alleine lebte. Sie blieb stets schlank und elegant – eine echte *Rousseau*-Pariserin eben, die sie nach dem frühen Zuzug aus der Charente in den späten 1930er-Jahren kurz nach ihrer Hochzeit geworden war.

Im königlichen Pariser Vorort Saint-Germain-en-Laye, wo ich aufgewachsen bin und meine Familie lebt, waren wir oft in Mamies Küche und steckten unsere Nasen in ihre Töpfe. Sie verriet mir unendlich viele der Rezepte aus ihrer üppigen Küche, als ich von zu Hause wegzog. Ihre Rezepte und die Zeit, die ich in ihrer und meines Vaters Küche verbrachte, waren es, die meine *éducation culinaire* ausmachten. Suppen kochte sie aus jedem Gemüse, natürlich immer nach Saison, und sogar mit Salat. Sie kaufte auf dem bunten Markt von Saint-Germain-en-Laye ein und hatte ihre Lieblingsbauern, bei denen sie von der Qualität und vom Preis überzeugt war.

Bei ihr gab es zwar auch Eintöpfe, aber sie liebte besonders die fein pürierten Suppen wie die *Crème de tomates fraîches au basilic* oder den *Potage aux fines herbes*. Wollte sie ihre Suppe verfeinern, zum Beispiel für einen Festtag, so gab sie nicht nur Kräuter und Gewürze wie gewöhnlich hinein, sondern auch den Saft einer Orange oder Zitrone oder sie fügte einen Schuss Champagner, ihr Lieblingsgetränk *Pineau des Charentes* oder Weißwein hinzu. Ich habe viele Suppen bei ihr genossen. Sie meinte, Suppen wärmten nicht nur den Körper, sondern auch das Herz. *Coup de coeur!*

# Crème de Tomates fraîches au basilic

## FRISCHE TOMATENCREMESUPPE MIT BASILIKUM

**FÜR 4 PERSONEN**

2 Zwiebeln
2 Knoblauchzehen
500 g Tomaten
4 große Kartoffeln
1 Möhre
1 Stange Staudensellerie
Olivenöl
Salz
frisch gemahlener schwarzer Pfeffer
8 Basilikumblätter
1 EL fein gehackte glatte Petersilie
Crème fraîche

Zwiebeln und Knoblauch schälen und fein hacken. Tomaten mit kochendem Wasser überbrühen, kurz stehen lassen, häuten, Blütenansätze entfernen und die Tomaten würfeln. Kartoffeln und Möhre schälen und in dünne Scheiben schneiden. Sellerie waschen und ebenfalls in Scheiben schneiden.

Die Zwiebeln in einem großen Topf in Olivenöl andünsten, dann Knoblauch und Tomaten einrühren. Anschließend auch Kartoffeln, Möhre und Sellerie zufügen und salzen.

So viel Wasser zugeben, dass das Gemüse knapp bedeckt ist und 25 Minuten kochen lassen. Anschließend mit dem Pürierstab pürieren und pfeffern.

Basilikum waschen, trocken schütteln und hacken. Suppe mit Basilikum und Petersilie bestreuen und mit einem Klecks Crème fraîche heiß servieren.

Dazu passt frisches Baguette.

# Soupe aux artichauts Camus de Bretagne

## ARTISCHOCKENCREMESUPPE AUS DER BRETAGNE

**FÜR 4 PERSONEN**

1 Zitrone
4 Artischocken
2 EL Crème fraîche
frisch geriebene Muskatnuss
Salz
frisch gemahlener schwarzer Pfeffer

2 l gesalzenes Wasser aufkochen. Den Saft einer halben Zitrone auspressen und zugeben. Die andere Hälfte in Spalten schneiden und beiseitelegen. Die Stiele der Artischocken entfernen, äußere Blätter um ein Drittel kürzen und die restlichen Blätter mit einem scharfen Messer vollständig entfernen. Das sogenannte »Heu« mit einem großen Löffel herauskratzen. Artischockenböden in das kochende Wasser geben und 25–30 Minuten kochen.

Das Kochwasser zurückbehalten. Artischockenböden mit dem Pürierstab fein pürieren, dabei immer wieder Kochflüssigkeit hinzufügen, bis eine suppenähnliche Konsistenz entsteht. Crème fraîche, Muskat, Salz und Pfeffer hinzufügen und abschmecken.

Heiß servieren und dazu Nuss- oder Maronenbrot und die Zitronenspalten reichen.

# Velouté de carottes à l'orange et au champagne

## MÖHREN-ORANGEN-CHAMPAGNERCREMESUPPE

**FÜR 4 PERSONEN**

2 Zwiebeln
2 EL Olivenöl
700 g Möhren
1 l Gemüsebrühe
Saft von ½ Orange
100 ml Champagner
(oder Weißwein)
1 EL Zucker
frisch geriebene Muskatnuss

Zwiebeln schälen, fein hacken und in Olivenöl andünsten. Möhren schälen und in Scheiben schneiden. Hinzufügen und etwa 10 Minuten weiterdünsten. Gemüsebrühe, Orangensaft und Champagner hinzufügen und aufkochen. Etwa 10 Minuten sanft köcheln lassen.

Suppe mit dem Pürierstab sehr fein pürieren. Mit Zucker und Muskat abschmecken.

### Tipp

Wer mag, kann geräucherte Speckstreifen oder einen Klecks gepfefferte oder mit Vanille verfeinerte Crème fraîche als Topping hinzufügen.

# Potage aux fines herbes

## SAUERAMPFERSUPPE

**FÜR 4–6 PERSONEN**

30 g Butter
125 g Sauerampfer
250 g Kopfsalat
60 g Schnittlauch
25 g Weizenmehl
Salz
frisch gemahlener schwarzer Pfeffer
60 g Speisestärke
50 g Butter

Butter in einem großen Topf schmelzen lassen.

Sauerampfer, Salat und Schnittlauch waschen, trocken schütteln und fein hacken. In die Butter geben und zusammenfallen lassen. Mit dem Mehl bestäuben und 2 l Wasser hinzufügen. Salzen und pfeffern. Etwa 1 Stunde sanft köcheln lassen.

20 Minuten vor Ende der Kochzeit die Stärke mit etwas Wasser verrühren und unterrühren. Die Butter hinzufügen und abschmecken. In einer Suppenterrine servieren.

Dazu passt am besten grobes Landbrot oder Baguette.

# Soupe de potiron aux châtaignes

## — KÜRBISSUPPE MIT MARONEN —

**FÜR 4 PERSONEN**

1½ Zwiebeln
100 g Butter
80 g Kartoffeln
400 g Kürbis-Fruchtfleisch
400 ml Gemüsebrühe
200 ml Vollmilch
1 Msp. frisch geriebene Muskatnuss
Saft von ½ Zitrone oder Orange
Salz
frisch gemahlener schwarzer Pfeffer
200 g Sahne
200 g Maronen (vorgegart und vakuumverpackt)
Croûtons

Zwiebeln schälen und fein hacken. Die Hälfte der Butter in einem Topf schmelzen und die Zwiebeln darin dünsten.
In der Zwischenzeit Kartoffeln schälen und in kleine Stücke schneiden. Kürbis ebenfalls in kleine Stücke schneiden. Kartoffel- und Kürbisstücke zu den Zwiebeln geben. Gemüsebrühe und Milch in den Topf geben und alles zugedeckt köcheln lassen, bis die Kartoffeln gar sind.
Die Suppe mit einem Stabmixer fein pürieren. Dann Muskat und Zitronen- oder Orangensaft hinzufügen, salzen und pfeffern. Sahne zugeben und nochmals aufkochen lassen.
Vor dem Servieren die Maronen grob hacken und in die Suppe geben.
Croûtons zur Suppe reichen.

### Tipp

Statt Croûtons kann man auch geröstete Kürbiskerne, getoastetes Landbrot oder Baguette und ein Kräutertopping dazu servieren.
Die Kürbissuppe mit Maronen kann man auch in Tassen oder sogenannten *bols* servieren.

# VEGETARISCHE GERICHTE

— PLATS VÉGÉTARIENS —

*»Knoblauch ist für die Gesundheit das, was das Parfum für die Rose ist.«*
*Provenzalisches Sprichwort*

# Unser alter Gemüsegarten
## — NOTRE VIEUX LÉGUMIER —

Unser langgestrecktes Landhaus Le Piquet an der Loire steht etwas erhöht und inmitten von weiten Feldern am Rande eines Waldes, etwas oberhalb des kleinen 300-Seelen-Dorfes Semur-en-Vallon. Der Blick führt über die sanften Hügel und erstreckt sich über mehrere Felder und Waldstücke – kein Haus weit und breit, der nächste Nachbar ist außer Sicht- und Hörweite. Genau dieses kleine Naturjuwel inmitten des milden Departement Loire hatten sich meine Eltern als stadtgeplagte Pariser in den späten 60er-Jahren gewünscht und so fuhren wir an vielen Wochenenden und für die Ferien in diese Ruheoase. Der Kontrast zu unserer 180 Kilometer entfernten Pariser Wohnung konnte nicht größer sein – so viel Platz auf über drei Hektar Land, so viel Ruhe, so viele Geräusche von Wetter und Tieren, so viel Natur. Viel Zeit hatten wir nicht, um während unserer Wochenenden einen Garten anzulegen, der zuverlässig Gemüse und Obst schenkte. Dennoch wurde mit viel Liebe viel gepflanzt. Unser Garten war den Launen der Natur ausgesetzt und natürlich oft sich selbst überlassen.

Wir wussten: Von dem Gemüse kann man fast alles verwenden, entweder das Blatt oder die Blüte, die Frucht, den Samen, den Stiel, die Knolle, die Wurzel – es gab also reichlich Möglichkeiten …

Durch seine kräftigen Aromen bereicherte unser Piquet-Gemüse unseren Speiseplan und ermöglichte in der kleinen Landhausküche viele Zubereitungen: als Suppe, Salat, konserviert und in Gläser und Flaschen gefüllt, als Gratin oder Tarte. Es war für uns einfach zuzubereiten, da wir es sowohl roh als auch gekocht liebten, mit und ohne Würze, mit und ohne Fettzusatz. Am Ende des Wochenendes luden wir eine Kiste voller Leckereien ins Auto und brachten unsere Naturschätze nach Paris, um die Woche über noch davon zu genießen.

Meine Mutter mochte den charakeristischen Geschmack sehr, den jede Gemüsesorte durch ihre ätherischen Öle erhält. Nur ein paar Gemüsesorten – dazu gehörte ihrer Meinung nach Zucchini – fand sie zu fad, sodass sie sie mit Käse, Eiern und Butter, die wir bei den Bauern aus der Gegend von Semur kauften, zu Saucen verarbeitete oder durch Gewürze geschmacklich anhob. Zusammen mit Obst und Getreide sorgte unser eigenes Piquet-Gemüse für eine gesunde Ernährung. Meine Mutter wusch es nur kurz unter fließendem kaltem Wasser, um den Verlust von Nährstoffen zu vermindern. Sie schnitt es auch möglichst nicht zu klein, da Vitamine in Kontakt mit dem Luftsauerstoff verloren gehen. Überhaupt kam für sie nur das schonende Garen bei niedrigen Temperaturen infrage, um die vielen Vitamine und Mineralstoffe zu erhalten. Das eigene Gemüse liebte sie! Sie tauschte Samen mit den Bauersfamilien in der Umgebung aus und unterhielt sich auf dem montäglichen Markt in la Ferté Bernard mit den Bauern, die dort verkauften, darüber, welche Gemüsesorten wie zubereitet und geschnitten werden sollten.

*POMMES ALLUMETTES:* in sehr dünne Stifte geschnittene Kartoffeln
*POMMES PAILLES:* in dünne Stäbchen geschnittene Kartoffeln
*POMMES NOISETTES:* in kleine Kugeln geschnittene Kartoffeln

*Petit brevier de coupe à légumes et pommes de terre*
*Kleines Brevier zu Gemüse- und Kartoffelschnitten*

*À LA JULIENNE:*   in dünne Stifte geschnitten
*À LA PAYSANNE:*   klein gewürfelt
*À LA MIREPOIX:*   grob gewürfelt
*À LA BRUNOISE:*   in sehr kleine Würfel geschnitten

# Tarte aux champignons de Paris

## — CHAMPIGNONTARTE —

FÜR 4 PERSONEN/
1 TARTEFORM (26 CM Ø)

1 Rezept Tarteteig (siehe S. 48)
20 g Mehl für die Arbeitsfläche
20 g Butter für die Form
500 g Champignons
2 Schalotten
2 Knoblauchzehen
Olivenöl
Salz
frisch gemahlener
schwarzer Pfeffer
½ Bund glatte Petersilie
200 g Sahne
200 g Joghurt
3 Eier
frisch geriebene Muskatnuss

Backofen auf 200 °C Ober-/Unterhitze (180 °C Umluft) vorheizen.
Tarteteig auf einer bemehlten Arbeitsfläche ausrollen und die gebutterte Tarteform damit auslegen.
Champignons putzen und in grobe Stücke schneiden. Schalotten und Knoblauch schälen und fein hacken. Alles zusammen in Olivenöl anbraten und mit Salz und Pfeffer würzen. 5 Minuten schmoren. Petersilie waschen, trocken schütteln und Blättchen fein hacken. Unter die Pilze rühren. Die Pilzmasse auf dem Teig verteilen.
Sahne und Joghurt mit Eiern verrühren und mit Salz, Pfeffer und Muskat würzen. Auf den Pilzen verteilen. Die Tarte im vorgeheizten Backofen 40 Minuten backen. Herausnehmen und vor dem Servieren 5–10 Minuten ruhen lassen.

### Tipp
Diese Tarte lässt sich mit jeder Art von Pilzen zubereiten. Probieren Sie es auch einmal mit Steinpilzen!

# Soufflé Picard

## — LAUCHSOUFFLÉ —

**FÜR 4 PERSONEN/
1 HOHE AUFLAUFFORM**

1,2 kg Lauch, nur das Weiße
Salz
70 g Butter plus etwas für
die Form
4 Eier
100 g Crème fraîche
150 g Weizenmehl
frisch gemahlener
schwarzer Pfeffer
frisch geriebene Muskatnuss
125 g Gruyère

Backofen auf 200 °C Ober-/Unterhitze (180 °C Umluft) vorheizen.
Lauch gründlich waschen und in 1 cm dicke Ringe schneiden. 10–15 Minuten in etwas Salzwasser kochen. Dann aus dem Wasser nehmen und abtropfen lassen.
In einem Topf in etwas Butter anschwitzen und den Lauch etwa 10 Minuten braten, bis er glasig ist. Mit einem Pürierstab fein pürieren, evtl. etwas Kochflüssigkeit hinzufügen.
Die Eier trennen. Crème fraîche, Mehl, Eigelbe, Salz, Pfeffer und Muskat mischen, zum Lauch geben und gut verrühren. Den Käse reiben und unterrühren.
Die Eiweiße steif schlagen und vorsichtig unterheben. Abschmecken und in eine hohe gebutterte Auflaufform füllen. 25 Minuten im vorgeheizten Backofen backen und sofort servieren.
Dazu passt ein grüner Salat.

# Petalou charentais

## — KÄSETARTE AUS DEM POITOU-CHARENTES —

FÜR 4 PERSONEN /
1 TARTEFORM (26 CM Ø)

300 g Kartoffeln
1 Rezept Tarteteig (siehe S. 48)
20 g Mehl für die Arbeitsfläche
20 g Butter für die Form
150 g Emmentaler
4 Eier
100 g Sahne
2 EL Schnittlauchröllchen
Salz
frisch gemahlener
schwarzer Pfeffer
1 Eigelb

Die Kartoffeln schälen, in Salzwasser gar kochen und durch die Kartoffelpresse drücken. Kartoffelpüree leicht abkühlen lassen.
Backofen auf 200 °C Ober-/Unterhitze (180 °C Umluft) vorheizen. Tarteteig auf einer bemehlten Arbeitsfläche ausrollen und die gebutterte Tarteform damit auslegen.
Den Käse reiben, gründlich mit Kartoffelpüree, Eiern, Sahne und Schnittlauch vermischen, salzen und pfeffern. Auf dem Tarteteig verteilen und etwa 10 Minuten backen.
Kurz aus dem Backofen nehmen und mit dem verquirlten Eigelb bepinseln. Weitere 30 Minuten goldgelb backen.

*Dieses einfache **petalou**-Rezept nach Art der Charente hat meine Großmutter oft in Erinnerung an ihre südwestfranzösische Heimat gebacken.*

»Weil der Genuss des Essens unabhängig von Zeit, Alter und Situation ist.«
Jean Anthelme Brillat-Savarin (französischer Gastrosoph, 1755–1826)

# Ratatouille citron et ratatouille automnale

## — RATATOUILLE MIT ZITRONE UND — HERBSTLICHE RATATOUILLE-VARIANTE

FÜR 4 PERSONEN

750 g Auberginen
1 kg Zucchini
600 g Tomaten
750 g Paprikaschoten (rot, grün und gelb gemischt)
120 g Zwiebeln
3 Knoblauchzehen
4 eingelegte oder kandierte Bio-Zitronen
80 ml Olivenöl
Salz
frisch gemahlener schwarzer Pfeffer

Auberginen, Zucchini, Tomaten und Paprika waschen, Paprika entkernen. Auberginen, Zucchini und Paprika in 2 cm lange Stücke schneiden, Tomaten vierteln. Zwiebeln und Knoblauch schälen und fein würfeln. Eingelegte oder kandierte Zitronen ebenfalls in 2 cm lange Stücke schneiden.

Das Gemüse und die Zitronen in einen Topf geben, Öl zugeben, salzen, pfeffern und mit 100 ml Wasser bedecken. 2 Stunden im geschlossenen Topf köcheln lassen. Immer wieder umrühren und ggf. mehr Wasser hinzufügen.

---

*Das Ratatouille kann heiß mit einem Spiegelei darauf oder im Sommer auch kalt serviert werden.*

### Tipp

Für eine herbstliche Variante können Sie noch Kürbisstücke und Maronen hinzufügen.

# KÄSEGERICHTE

— PLATS AU FROMAGE —

*»Um ein Land richtig zu lieben,
muss man es essen, es trinken und
es singen hören.«*
*Michel Déon (französischer Schriftsteller, 1919–2016)*

# Französische Dreieinigkeit: Brot, Wein und Käse

## — SAINTE TRINITÉ: PAIN, VIN ET FROMAGE —

Das krönende Ende ist immer der Käse, meinte mein Vater. Er tat es dem berühmten französischen Gastrosophen Anthelme Brillat-Savarin gleich, der stets behauptete, der Abschluss eines perfekten Menüs sei der Käse. Wir hatten natürlich ein kostbares Exemplar des legendären Buches »*Physiologie du goût*« dieses Gastrosophen bei uns im Bücherschrank mit den Glasfenstern. Sein Spruch: »Ein Menü ohne Käse ist wie eine Schönheit, der ein Auge fehlt«, geisterte ab und zu auf unserem Familientisch herum. Wir interessierten uns in der *famille Rousseau* immer für Tischsitten und deren historische Hintergründe. So wusste mein Vater zu berichten, dass sich die Abfolge der französischen Menüs ab 1840 grundlegend geändert hatte. Im Spätbarock, vor allem unter Ludwig dem XIV, wurden die Gänge alle auf einmal serviert (das war der *service à la francaise*), in der Haute bourgeoisie und am Hofe kam man zum Teil auf bis zu 168 Gänge. Dagegen hat sich die Usance Stück für Stück durch den Einfluss des russischens Hofes auf die europäische Esskultur durchgesetzt, in vielen einzelnen Gängen nacheinander je ein Gericht zu servieren *(service à la russe)*. Vor dem 19. Jahrhundert bestand das

»Es steckt mehr Philosophie in einer Flasche Wein als in allen Büchern dieser Welt.«
Louis Pasteur (französischer Chemiker und Mikrobiologe, 1822–1895)

perfekte Menü für Bourgeoisie und Adel aus einer kalten Vorspeise, einer Suppe, einer warmen Vorspeise, dem Fisch, einem großen Fleischgang, einem warmen und einem kalten Zwischengericht, einem Sorbet, einem Braten, einem Salat, einem kalten Braten, Gemüse, einem warmen süßen Zwischengang und einer Schleckerei. Nach der französischen Revolution konnte sich das Bürgertum am feinen Essen beteiligen und seitdem ist Familienessen eine gesellschaftliche Institution und es verfeinerten sich überall die Tischsitten. Überhaupt ist der französischen Revolution, so mein Vater, auch indirekt das Aufkommen der Restaurants zu verdanken, da die ganzen „arbeitslosen" Köche des Hofes sich nun mit eigenen Lokalen versuchten.

Manchmal, bei einem unserer heutigen Rousseau-Familienessen, gibt es ausschließlich den krönenden Abschluß, den Käse. Gesellen sich bei einem *plateau de fromages* zu mehr als drei Käsesorten auch womöglich ein selbst gebackener Cake oder ein Rosmarin-Baguette und ein sehr guter Rotwein aus dem Keller hinzu, dann brauchen wir nicht mehr. Das ist die Krönung des Essens, die *sainte trinité: pain, vin et fromages*.

# Cake au roquefort et aux noix

## — ROQUEFORTCAKE MIT NÜSSEN —

**FÜR 6 PERSONEN/
1 OFENFESTE LÄNGLICHE
FORM (10 × 20 CM)**

3 Eier
100 g Weizenmehl
½ Pck. Backpulver
100 ml Pineau
200 g Roquefort
70 g Walnusskerne
Butter für die Form

Backofen auf 200 °C Ober-/Unterhitze (180 °C Umluft) vorheizen. Die Eier mit den Quirlen des Handrührgeräts schaumig schlagen. Weizenmehl und Backpulver mischen. Nach und nach hinzufügen und gut umrühren. Dann auch Pineau hinzufügen.
Roquefort mit der Gabel zerkrümeln und zu der Masse geben. Walnüsse grob zerkleinern und unterheben. Gut umrühren.
Die Masse in der gebutterten Form verteilen. Im vorgeheizten Backofen 25–30 Minuten backen. Etwas Alufolie auf den Cake legen, falls die Oberfläche zu braun wird. Etwas abkühlen lassen. In der Form servieren.

### Tipp
Der *Cake au roquefort et aux noix* eignet sich wunderbar für ein Picknick, zum Apéritif oder auch für einen Brunch.

# Tarte au Manslois

## ZIEGENFRISCHKÄSETARTE MIT SALAT

**FÜR 4 PERSONEN/
1 TARTEFORM (26 CM Ø)**

1 Rezept Tarteteig (siehe S. 48)
20 g Mehl für die Arbeitsfläche
20 g Butter für die Form
12 Blätter Kopfsalat
2 Schalotten
2 Knoblauchzehen
Olivenöl
Salz
frisch gemahlener
schwarzer Pfeffer
150 g Manslois (oder anderer
Ziegenfrischkäse)
2 EL Crème fraîche
3 Eier
200 ml Vollmilch
frisch geriebene Muskatnuss
30 g Haselnusskerne

Backofen auf 200 °C Ober-/Unterhitze (180 °C Umluft) vorheizen. Den Tarteteig auf einer bemehlten Arbeitsfläche ausrollen und die gebutterte Tarteform damit auslegen. Salatblätter waschen und trocken schütteln. Schalotten und Knoblauch schälen und fein hacken. Salat, Schalotten und Knoblauch in Olivenöl anbraten und mit Salz und Pfeffer würzen. 5 Minuten dünsten, dann die Masse in die Form füllen.

Frischkäse und Crème fraîche mit Eiern und Milch verrühren und mit Salz, Pfeffer und Muskat würzen. Die Haselnüsse fein hacken. Eier-Sahne-Mischung sowie Haselnüsse auf der Tarte verteilen und im vorgeheizten Backofen 40 Minuten backen.

Herausnehmen und 5–10 Minuten ruhen lassen.

Dazu passt grüner Salat mit einer würzigen Vinaigrette.

RENÉE MOUTARD-ULDRY

# SAINT HONORÉ

PATRON des BOULANGERS

## Pain à la farine de châtaignes

— MARONEN-WEIZEN-BROT —

**FÜR 2 BROTE**

50 g Hefe
2 TL Salz
2 EL Zucker
2 EL Rapsöl
100 g feines Maronenmehl
240 g Weizenmehl (Type 450)
450 g Weizenmehl (Type 550)

Hefe in eine Schüssel bröckeln. 500 ml Wasser lauwarm erwärmen (37 Grad). Etwas Wasser mit der Hefe verrühren, bis sie sich aufgelöst hat. Restliches Wasser, Salz, Zucker und Öl hinzufügen. Maronenmehl und Weizenmehl einrühren, dabei etwas Mehl zum Kneten und Formen zurückbehalten.

Teig mit den Knethaken des elektrischen Rührgerätes 5 Minuten oder von Hand etwa 10 Minuten kneten. Mit einem sauberen Geschirrtuch bedeckt etwa 30 Minuten gehen lassen.

Teig auf einer leicht bemehlten Arbeitsfläche in 2 Stücke schneiden. Mit bemehlten Händen zu zwei runden Broten formen.

Backofen auf 220 °C Ober-/Unterhitze (200 °C Umluft) vorheizen. Die Brotlaibe mit etwas Weizenmehl bestäuben und auf ein mit Backpapier belegtes Blech legen. Nochmals abgedeckt etwa 30 Minuten gehen lassen.

Brote in der Mitte des vorgeheizten Backofens 5 Minuten backen. Dann die Temperatur auf 180 °C Ober-/Unterhitze (160 °C Umluft) reduzieren und erneut etwa 20 Minuten backen, bis die Brote eine schöne Farbe bekommen haben. Brote aus dem Backofen nehmen und auf einem Backrost abkühlen lassen.

Dazu passt Zitronenbutter.

### Tipp

Wer mag, kann ein paar gekochte Maronen grob hacken und diese vor dem Backen unter den Teig rühren.

# Beurre au citron – et ses variantes au fromage, à la vanille, au poivre ou aux herbes

## ZITRONENBUTTER – UND VERSCHIEDENE VARIANTEN MIT KÄSE, VANILLE, PFEFFER ODER FRISCHEN KRÄUTERN

FÜR 150 G

1 eingelegte oder kandierte Bio-Zitrone
140 g weiche Butter
1 Knoblauchzehe
Salz
frisch gemahlener schwarzer Pfeffer
20 cl *vin de citron* oder ähnlicher Fruchtwein

Eingelegte Zitrone mit dem Stabmixer pürieren. Die Butter mit einer Gabel zerdrücken und mit der pürierten Zitrone vermengen. Den Knoblauch schälen, durch die Presse in die Buttermasse drücken und gut vermengen. Salzen und pfeffern.
Vin de citron zugeben und rühren, bis eine homogene Masse entsteht.

### Varianten

Für Käsebutter verwenden Sie statt der eingelegten Zitrone 200 g Käse Ihrer Wahl, z. B. Roquefort, Bleu d'Auvergne oder einen milderen Brie. Oder Sie vermengen die Butter mit dem Mark einer Vanilleschote, gemahlenem rotem Pfeffer oder sehr fein gehackten frischen Kräuter. Statt einem Fruchtwein können Sie Cognac oder Armagnac verwenden oder den Alkohol ganz weglassen und dafür etwas Olivenöl hinzufügen.

> »Von allen Leidenschaften erscheint mir die der Feinschmeckerei am respektierlichsten.«
> Guy de Maupassant (französischer Schriftsteller, 1850–1893)

# Bouchées à la reine

## — KÖNIGINNENPASTETE —

**FÜR 4 PERSONEN**

200 g Kalbfleisch
Salz
40 g Butter plus etwas zum Braten
40 g Weizenmehl, plus evtl. 1 EL zum Binden
500–600 ml Gemüsebrühe
Saft von ½ Zitrone
1 Eigelb
frisch gemahlener schwarzer Pfeffer
50 g Champignons
4 Blätterteigpasteten vom Bäcker oder Metzger
1 Eigelb

Backofen auf 150 °C Ober-/Unterhitze (130 °C Umluft) vorheizen. Das Fleisch mit Salzwasser bedeckt etwa 30 Minuten kochen. Dann abtropfen lassen und in sehr kleine Würfel schneiden.

Butter zerlassen. Weizenmehl einrühren, dann die Brühe zugeben. Anschließend den Zitronensaft hinzufügen. Mit dem Eigelb legieren und pfeffern.

Champignons putzen, in sehr kleine Würfel schneiden und in etwas Butter kurz anbraten. Fleisch- und Champignonwürfel hinzufügen und gut umrühren. Die Füllung darf nicht zu flüssig sein. Ggf. 1 EL Weizenmehl unterrühren und leicht eindicken lassen.

Blätterteigpasteten mit verquirltem Eigelb bepinseln und etwa 10 Minuten im vorgeheizten Backofen vorbacken. Eventuell noch leicht mit einem angefeuchteten Pinsel bepinseln, damit sie nicht zu trocken werden.

Aus dem Backofen nehmen, mit der Kalbfleisch-Champignon-Füllung füllen und nochmals für etwa 5 Minuten in den Backofen schieben.

Dazu passt ein grüner Salat mit vielen frischen Kräutern.

# Pela

### KARTOFFEL-REBLOCHON-KÄSE-PFANNE AUS DER ARDÈCHE

**FÜR 4 PERSONEN**

3 Zwiebeln
1 kg Kartoffeln
5 EL Olivenöl
1 Reblochon (oder anderer weicher Käse)

Zwiebeln schälen und fein hacken. Kartoffeln schälen und in Würfel schneiden. In einer ofenfesten hohen Pfanne oder einer herdtauglichen Auflaufform die Zwiebeln in Olivenöl glasig braten, dann beiseitestellen.
Kartoffeln in derselben Pfanne etwa 5 Minuten in dem noch vorhandenen Öl anbraten.
Backofen auf 200 °C Ober-/Unterhitze (180 °C Umluft) vorheizen.
Zwiebeln zu den Kartoffeln hinzufügen und etwa 10 Minuten weitergaren, bis die Kartoffeln bissfest sind. Käse in Stücke schneiden und auf den Kartoffeln verteilen. Pfanne in den vorgeheizten Backofen stellen und den Auflauf etwa 15 Minuten garen, bis der Käse geschmolzen ist.
Noch heiß zusammen mit einem grünen Blattsalat servieren.

### Tipp

Wer mag, kann auch Knoblauch mit in den Auflauf geben.

# SÜSSES UND DESSERTS

— CUISINE SUCRÉE —

*»Was ist Gesundheit?
Es ist Schokolade.«
Jean Anthelme Brillat-Savarin
(französischer Gastrosoph, 1755–1826)*

# Dragées & Bonbonnieren – der Bonbonverkäufer aus der rue au pain

## DRAGEOIRS ET BONBONNIÈRES – LE MARCHAND DE BONBONS DE LA RUE AU PAIN

Unsere Stadtwohnung in Saint-Germain-en-Laye lag unmittelbar vor dem Schloss, in dem Ludwig XIV. geboren wurde. Da wir nur ab und zu wochenends in unserem Landhaus Le Piquet weilten, diente uns der Schlosspark hinter dem Haus als Garten und Spielwiese. Mit seinen Pavillons und den alten quietschenden Eisenschaukeln, den überall verstreuten grünen Eisenstühlen, den langen, mit alten Bäumen gesäumten Alleen, der Promenadenterrasse entlang der silbernen Seine, dem atemberaubenden Blick über ganz Paris und den Blumenrabatten im englischen Stil war der Park weitläufig genug und dennoch fehlte uns unser wildes Loire-Paradies. Ein kleiner grüner Pavillon aber, den der grauhaarige Besitzer des Bonbonladens in der *rue au pain* im Park als Kiosk betrieb, erregte unsere ganze Aufmerksamkeit und milderte unsere Wehmut nach unseren Feldern, dem Garten und dem Landhaus. Wir kannten seinen kleinen, nostalgischen Bonbonladen nur zu gut, da dieser nur wenige Meter von unserer Wohnung entfernt lag. Inmitten der alten Holztäfelungen und Spiegel lagen in Messing- und Glas-Bonbonnieren die feinsten Leckereien. Er kannte die besten Lieferanten für die *bonbons à l'ancienne* und bot eine durchdachte Auswahl aus ganz Frankreich. *Négus de*

*Nevers, Bétise de Cambrai, Violette de Toulouse, Bergamotte de Nancy* und viele Sorten *bonbons au chocolat*. Seine *caramels*, Kaubonbons mit Vanillegeschmack, *Pâte de fruits* oder *marrons glacés* konnten wir auch einzeln kaufen und bekamen jedes Mal nicht nur ein gutmütiges Lächeln, sondern auch eine kleine Geschichte über die Leckerei, die wir gerade gekauft hatten, mit auf den Weg. So blieb uns in Erinnerung, dass die *Violette de Toulouse* in den 20er-Jahren eine gemeinsame Erfindung von Süßwarenherstellern wie auch Gärtnern war. Die Veilchen müssen sorgfältig geerntet und getrocknet werden, um später in einem Verzuckerungsverfahren zu den leckeren Bonbons zu werden, die uns so schmeckten. Seine *bonbons moelleux au chocolat,* so erzählte er, schnitt er selbst auf seiner Marmorplatte im Laden, nachdem er die feinen Zutaten erhitzt und geköchelt hatte. Wenn wir Glück hatten, gleich am darauffolgenden Tag zu kommen, dann waren sie besonders zart. Wir stellten uns vor, wie er abends oder nachts nach Ladenschluss in seinem Laden in der *rue au pain,* nur mit dem Licht aus seinem an den Holztäfelungen hängenden Lüster beleuchtet, die schokoladigen Süßigkeiten zubereitete. *Doux souvenirs.*

# Bonbons moelleux au chocolat

## — WEICHE SCHOKOLADENBONBONS —

FÜR ETWA 40 BONBONS

25 g Zartbitterschokolade
60 g Honig
125 g Puderzucker
100 g Butter
80 g Crème double
evtl. Öl für die Form

Die Schokolade reiben und mit allen anderen Zutaten in einer kleinen Pfanne mischen. Erhitzen und 12–15 Minuten köcheln.

Die Masse auf eine Marmorplatte oder in eine sehr kalte, geölte Form gießen. Erkalten lassen.

Quadrate oder Kugeln ausstechen und die Schokoladenbonbons einzeln in Frischhaltefolie wickeln.

»Glückliche Schokolade, die nach dem Bereisen der Welt den Tod durch das Lächeln der Frauen in dem saftigen und zartschmelzenden Kuss aus ihren Lippen findet.«
Jean Anthelme Brillat-Savarin (französischer Gastrosoph, 1755–1826)

# Pétales de roses cristallisés

## — GEZUCKERTE ROSENBLÜTENBLÄTTER —

**FÜR 1 KLEINE BLECHDOSE**

100 g ungespritzte Rosenblütenblätter
3 Eiweiß
Puderzucker

Die Rosenblütenblätter vorsichtig waschen und trocknen lassen. Backofen auf 80 °C Ober-/Unterhitze (60 °C Umluft) vorheizen.

Die Eiweiße steif schlagen. Die Rosenblütenblätter vorsichtig (eventuell mit einer Pinzette) einzeln in Eischnee tauchen und anschließend in Puderzucker wenden. Auf ein mit Backpapier belegtes Blech legen.

In den vorgeheizten Backofen schieben und mindestens 1 Stunde trocknen lassen.

Prüfen, ob sie sich gut vom Backpapier lösen lassen, dann sind sie vollständig getrocknet.

### Tipp

Die Rosenblütenblätter halten sich gut in verschlossenen Blechdosen. Sie können einzeln zum Verzieren von Kuchen und Keksen verwendet oder zu Kaffee und Tee wie ein Bonbon serviert werden.

> »Nichts lässt die Zukunft rosafarbener erscheinen, als wenn man sie durch ein Glas Chambertin betrachtet.«
> Alexandre Dumas der Ältere (französischer Schriftsteller, 1802–1870)

# Bouchées de marron au chocolat

## — SCHOKOLADEN-MARONEN-KUGELN —

**FÜR 4–6 PERSONEN**

200 g Maronencreme (aus der Dose oder dem Glas)
20 ml Cognac
200 g Puderzucker plus etwas für die Arbeitsfläche
200 g Zartbitterschokolade

Maronencreme, Cognac und 150 g des Puderzuckers vermengen und durchkneten. In den Kühlschrank stellen und etwa 2 Stunden erkalten lassen.
Die Arbeitsfläche mit Puderzucker bestreuen und den Teig etwa 1 cm dick ausrollen. Den Teig in etwa 1 cm große Stücke schneiden und mit den Händen zu Kugeln formen. Die Schokolade im Wasserbad schmelzen lassen. Die Maronenkugeln mit Holzstäbchen aufspießen, in die geschmolzene Schokolade tauchen, abtropfen lassen, auf ein mit Alufolie bedecktes Brett legen und im Kühlschrank erkalten lassen.
Maronenkugeln in Seidenpapier oder Frischhaltefolie einzeln verpacken und vor dem Verzehr mit Puderzucker bestäuben.

# Mousse à la crème Chantilly chocolat

## SCHOKOLADEN-SAHNE-CREME

**FÜR 4 PERSONEN**

200 g Sahne
6 Eiweiß
200 g Zartbitterschokolade guter Qualität
ggf. 100 g Puderzucker (bei ungesüßter Schokolade)

Sahne steif schlagen, dann die Eiweiße in einem separaten Gefäß ebenfalls steif schlagen. Die Schokolade mit 2 EL Wasser in ein geeignetes Schälchen geben und im Wasserbad schmelzen. Puderzucker, falls verwendet, unterrühren. Dann die geschmolzene Schokolade vorsichtig unter den Eischnee heben. Anschließend auch die Sahne unterheben. In Schälchen servieren.

> »Lieben Sie Schokolade leidenschaftlich, ohne Scham, denn erinnern Sie sich: Ohne eine Spur Verrücktheit gibt es keinen vernünftigen Mann.«
> François de La Rochefoucauld (französischer Moralist, 1613–1680)

# Soupe chaude aux cerises

## — WARME KIRSCHSUPPE —

**FÜR 4 PERSONEN**

750 g Kirschen aus dem Glas
¼ TL Zimt
abgeriebene Schale von
1 Bio-Zitrone
50 g Stärke
100 ml Rotwein
50 g Löffelbiskuits

Die Kirschen in einem Sieb abtropfen lassen, den Kirschsaft auffangen.
Zimt und abgeriebene Zitronenschale in ca. 750 ml kochendes Wasser geben und 5 Minuten kochen.
Den Kirschsaft zugeben und erhitzen. Die Stärke mit etwas Wasser verrühren, in den Kirschsaft rühren und den Saft damit binden.
Den Rotwein hinzufügen und nochmals aufkochen lassen. Dann die Kirschen hineingeben.
Die Kirschsuppe in Schalen verteilen. Kurz vor dem Servieren die Löffelbiskuits in kleine Würfel schneiden und darüberstreuen.

*»Feinschmeckerei beginnt dort, wo man keinen Hunger mehr hat.«*
*Alphonse Daudet (französischer Schriftsteller, 1840–1897)*

# Soufflé clémentine au brocciu

## CLEMENTINENSOUFFLÉ MIT KORSISCHEM BROCCIU-FRISCHKÄSE

**FÜR 4 PERSONEN**

6 Clementinen
3 Eier
60 g Puderzucker
30 g Brocciu (Frischkäse aus Korsika)
2 EL Maismehl

Den Backofen auf 180 °C Ober-/Unterhitze (160 °C Umluft) vorheizen.
Von den Clementinen das obere Viertel als Deckel abschneiden. Den Saft vorsichtig auspressen, sodass die Schale nicht beschädigt wird. Die Eier trennen, dabei 1 Eigelb beiseitestellen. Die beiden restlichen Eigelbe mit Clementinensaft, Puderzucker, Frischkäse und Maismehl in einem Topf mischen und zusammen aufkochen, bis eine dickliche Masse entsteht. Anschließend erkalten lassen.
Die Eiweiße steif schlagen und vorsichtig unterheben.
Clementinenschalen mit der Masse füllen und in eine Auflaufform setzen. 20–30 Minuten im vorgeheizten Backofen backen. Den Deckel erst kurz vor Ende der Backzeit auf die Clementinen legen.

# Fraises à la Charentaise

## — PINEAU-ERDBEEREN —

**FÜR 4 PERSONEN**

50 g Erdbeeren
1 EL Rotweinessig
125 g Puderzucker, evtl. etwas mehr
1 Flasche Pineau (0,7 l)

Die Erdbeeren waschen und die Blütenansätze entfernen. Den Essig über die Erdbeeren geben und mit Puderzucker bestäuben. Etwa 1 Stunde ruhen lassen. Dabei ab und zu umrühren, bis sich der Zucker aufgelöst hat.
Pineau über die Erdbeeren gießen und die Masse kalt stellen.
In Glasschalen servieren und ggf. mit weiterem Puderzucker bestäuben.

### Tipp
Dazu den gleichen Pineau als Getränk servieren.

# Purée de marrons

## — MARONENPÜREE —

**FÜR 4 PERSONEN**

400 g gekochte und geschälte Maronen (vakuumverpackt)
1 Vanilleschote
300 g Puderzucker, evtl. etwas mehr

Die Maronen in der Küchenmaschine fein pürieren. Die Vanilleschote längs aufschlitzen und das Mark herauskratzen. Puderzucker und Vanillemark mit den Maronen mischen. 200 ml Wasser hinzufügen, in einen Topf geben und 5 Minuten aufkochen.
Sofort in Gläser füllen und bis zum Verzehr im Kühlschrank aufbewahren. Ggf. mit Puderzucker bestäuben.

Marchand de Marrons

# KUCHEN UND TARTES

— GÂTEAUX ET TARTES —

*»Der Geschmack, das war
der des kleinen Stückchens
einer Madeleinee.«
Marcel Proust (französischer Schriftsteller, 1871–1922)*

# Meine süße Küche ist ein boudoir gourmand und ein Liebesnest

## — MA CUISINE SUCRÉE EST UN BOUDOIR GOURMAND — ET UN NID D'AMOUR

*Quels boudoirs remarquables!* Welch' verführerische Kraft! Der Petit Trianon in Versailles war lange Zeit der Inbegriff des perfekten *boudoir*. Ein kleiner, elegant eingerichteter Raum, der als *nid d'amour* diente. Lieblich und reizend, ein Ort, offiziell ausschließlich den Frauen vorbehalten. Welch' feminine Romantik! Mit seinem Schmuckschrank und dem Schminktisch in der Mitte beflügelte er die erotische Fantasie der Männer. Nicht nur der Marquis de Sade (1740–1814) hat ihn beschrieben, auch viele andere Literaten und Künstler haben ihn besungen.

Nun, meine Pariser Küche ist so ein *boudoir*. Stellen Sie sich vor, dass das, was damals an Gesprächen und Begegnungen sowie an Sinnlichkeit herrschte, in meiner Küche passiert. Mein *boudoir* könnte nicht französischer sein. Elegant und feminin, eingerichtet mit romantischen Elementen, Schnörkeln, Goldakzenten, Ornamenten, Blumenbouquets, opulenten Möbeln, Tapeten und Kronleuchtern. All das Feminine lässt den Raum in königlichem Glanz erstrahlen. Schwere Stoffe und Boudoirmalerei, die man im 18. Jahrhundert in Privatgemächern sehen konnte, konterkarierten die Salons, die den Männern vorbehalten waren. Bis heute ist dieser Boudoirstil verbunden mit Pariser Flair und in vielen Einrichtungen zu finden. Der von Versailles war ein besonderer *boudoir*. Man stelle sich vor, wie in dieser *antichambre* der Macht die intime

Architektur die Atmosphäre beherrschte. Wir finden es lustig, dass der Begriff vom Verb *bouder* – also schmollen – stammen soll. Ein Gefühl, und auch noch ein kindlich-emotionales, soll also den Namen für die mondänen *boudoirs* gestiftet haben. Wir haben uns auf jeden Fall über die Vorstellung amüsiert, dass unsere Küche in Saint-Germain-en-Laye unweit von Paris ein *boudoir gourmand* sei, ein *boudoir culinaire*. Typisch französisch eingerichtet und auf die Bedürfnisse aller Gäste ausgerichtet. Statt Schminktisch thront ein großer Holzblock in der Mitte. Statt Rouge, Pinsel, Puder und Pasten stellen Sie sich dort Fleischermesser und Holzlöffel vor. Doch alles andere ist da: eine gedämpfte, schwül-erotische Atmosphäre, Gerüche und Lichter, alles, was die Geschmacksnerven offener, an Austausch interessierten Gästen ansprechen könnte. Reizvolle Vorstellung.

Das *boudoir* als Gebäck hat seinen Namen dem berühmten Pâtissier Antonin Carême zu verdanken. Er erfand das Gebäck aus Weizenmehl, Eiern und Puderzucker, dem er den Namen *boudoir* verlieh, in Anlehnung an die Diplomatie der *boudoirs*. Mit zarten Fingern das längliche, knusprige, mit Zucker bestreute Gebäckstück haltend, um es in eine Schale Champagner oder Wein zu tauchen: Die Beziehung zwischen Champagner und *boudoir* ist seit der Erfindung dieses Gebäcks ungebrochen. Die länglichen Gebäckstücke, die in einer speziellen Form gebacken werden, in denen Vertiefungen ihnen ihre typische Form verleihen, begleiten seitdem den Champagner und heißen zuweilen auch *biscuits champagne*. Die Union des

maisons de Champagne hat eine lange Liste an Gebäckstücken veröffentlicht, die idealerweise mit Champagner serviert werden. Der *boudoir* steht darauf an herausragender Stelle. Traditionell wird ein in Frankreich sehr bekanntes Dessert mit *boudoirs* gemacht: die *charlotte*. Das aus gesüßtem Frischkäse, eingelegten Früchten sowie einer Batterie *boudoirs* geschichtete, sehr einfach zuzubereitende Dessert ist die frische französische Variante des italienischen Tiramisu und gerade im Sommer eine herzerfrischende Alternative zu allen komplizierten, sehr reichhaltigen Desserts. *C'est bon!*

# Beignets de fleurs

## — BLÜTENKRAPFEN —

**FÜR 4 PERSONEN**

1 kleines Stück Ingwer
200 ml Armagnac
500 g essbare ungespritzte Blüten (z. B. von Orangen, Jasmin, Rosen, Pfirsichen oder Zucchini)
2 Eier
125 g Weizenmehl
2 EL Sonnenblumenöl
250 ml Weißwein
Salz
frisch gemahlener schwarzer Pfeffer
Frittierfett
Saft von ½ Orange

Den Ingwer schälen und fein reiben. Mit dem Armagnac mischen und die Blüten darin 1 Stunde marinieren.

1 Ei trennen und das Eiweiß steif schlagen. Das ganze Ei mit Eigelb und Eischnee, Mehl, Öl, Weißwein, Salz und Pfeffer vorsichtig vermengen und zu einem glatten Teig verarbeiten. Nach Bedarf noch etwas Wasser hinzufügen. 1 Stunde quellen lassen. Dann das Frittierfett in einem Topf erhitzen.

Die Blüten abtropfen lassen, einzeln in den Teig tauchen und 5–7 Minuten goldgelb frittieren. Gebackene Blüten auf Küchenpapier abtropfen lassen.

Salzen, pfeffern und vor dem Servieren mit etwas Orangensaft beträufeln.

### Tipp

Die Blütenkrapfen können pur oder als Beilage zu Rindfleisch oder Geflügel serviert werden. Natürlich eignen sie sich auch als süße Beilage und Dessert. In diesem Fall Salz und Pfeffer weglassen und nach Wunsch ein paar Orangenscheiben dazu reichen.

# Brioche au matafan

## — APFELBRIOCHES —

**FÜR 12 KLEINE BRIOCHES**

15 g frische Hefe
250 g Weizenmehl
10 g Zucker
1 Prise Salz
60 g Sahne
125 g weiche Butter
2 Eier
2 Äpfel
Saft von ½ Zitrone
Puderzucker zum Bestäuben
1 Eigelb
1 EL Vollmilch

Die Hefe mit 2 EL lauwarmem Wasser verrühren. Backofen auf 190 °C Ober-/Unterhitze (170 °C Umluft) vorheizen.

Mehl in eine Schüssel geben und in der Mitte eine Mulde formen. Die angerührte Hefe in die Mulde geben. Zucker, Salz, Sahne und Butter in Flöckchen auf dem Weizenmehlrand verteilen. Eier hinzufügen und gut durcharbeiten, bis ein geschmeidiger Teig entsteht. Den Teig 45 Minuten gehen lassen.

Die Äpfel schälen, die Kerngehäuse entfernen und das Fruchtfleisch in kleine Würfel schneiden. Mit Zitronensaft beträufeln.

Briocheteig zu einem etwa 30 x 45 cm großen Rechteck ausrollen. Mit Puderzucker bestäuben. Äpfel gleichmäßig darauf verteilen, dabei einen etwa 3 cm breiten Rand frei lassen. Den Teig zu einer langen Rolle aufrollen. In 12 gleich große Stücke schneiden und auf ein mit Backpapier ausgelegtes Blech legen. Kurz ruhen lassen.

Das Eigelb mit der Milch verquirlen und die Brioches damit bestreichen. Im vorgeheizten Backofen 20–30 Minuten backen.

Brioches aus dem Backofen nehmen und kurz ruhen lassen. Mit Puderzucker bestäuben.

# Gâteau basque

## — BASKISCHER KIRSCHKUCHEN —

**FÜR 1 SPRINGFORM (24 CM Ø)**

**FÜR DEN TEIG**
65 g Puderzucker
45 g Mandelmehl
90 g weiche Butter
abgeriebene Schale von 1 Bio-Orange
abgeriebene Schale von 1 Bio-Zitrone
1 Ei
165 g Weizenmehl plus etwas für die Arbeitsfläche
1 Prise Salz

**FÜR DIE FÜLLUNG**
3 Eigelb
40 g Puderzucker
20 g Maismehl
250 ml Vollmilch
30 ml Orangenblütenwasser
70–80 g Schwarzkirschen (frisch oder aus der Dose; Nettogewicht)
1 Eigelb
100 g Mandelblättchen

Für den Teig Puderzucker, Mandelmehl, Butter sowie abgeriebene Orangen- und Zitronenschale in der Küchenmaschine gut mixen. Das Ei hinzufügen und weiter mixen. Dann auch Weizenmehl und Salz zugeben. Den Teig zu einer Kugel formen und in Frischhaltefolie wickeln. Etwa 2 Stunden in den Kühlschrank legen.

Für die Füllung Eigelbe, Puderzucker und Maismehl in einer Schüssel mit einem Schneebesen weißschaumig schlagen. Die Milch in einem Topf zum Kochen bringen, Topf von der Platte ziehen und die Ei-Zucker-Mischung mit dem Schneebesen oder einer Gabel einrühren. Den Topf wieder auf die Platte stellen und erhitzen. Dabei ständig mit dem Schneebesen rühren, bis die Masse wie ein Flan eindickt. Orangenblütenwasser hinzufügen und mit einem Löffel unterrühren. Mit Frischhaltefolie bedecken und im Kühlschrank kalt stellen.

Backofen auf 180 °C Ober-/Unterhitze (160 °C Umluft) vorheizen. Den Teig in zwei Teile teilen. Beide Hälften auf einer bemehlten Arbeitsfläche in verschieden große Kreisen ausrollen: eine Hälfte mit dem Durchmesser der Form, die andere etwas größer. Die Form mit dem größeren Kreis auslegen und den Teig am Rand etwas hochziehen. Erst die Hälfte der Füllung, dann die Kirschen und anschließend die restliche Füllung darauf verteilen. Mit dem zweiten Teigkreis bedecken und die Teigränder gut verkleben. Nach Bedarf dafür mit verquirltem Eigelb bestreichen. Die Mandelblättchen auf dem Kuchen verteilen und im vorgeheizten Backofen etwa 30 Minuten backen. Kuchen in der Form erkalten lassen. Dann erst vorsichtig aus der Form lösen.

Lauwarm oder kalt servieren. Dazu passt Schlagsahne.

# Fromagère lorraine aux mirabelles

## —— MIRABELLEN-FRISCHKÄSE-TARTE AUS LOTHRINGEN ——

**FÜR 8 PERSONEN/
1 TARTEFORM (26 CM Ø)**

1 Rezept Tarteteig (siehe S. 48)
20 g Butter für die Form
3 Eier
50 g Zucker
400 g Frischkäse
500 g Mirabellen
100 g Mandelblättchen

Backofen auf 200 °C Ober-/Unterhitze (180 °C Umluft) vorheizen. Den Teig ausrollen und eine gebutterte Tarteform damit auslegen.
Eier und Zucker in einer Schüssel so lange mit dem Handrührgerät mixen, bis die Mischung weißgelblich wird. Dann den Frischkäse hinzufügen und gut umrühren. Die Mischung auf den Teig geben und gleichmäßig verstreichen.
Mirabellen waschen, halbieren und entsteinen. Gleichmäßig auf der Tarte verteilen.
Die Tarte in den vorgeheizten Backofen schieben und etwa 15 Minuten backen.
Dann kurz herausnehmen, mit Mandelblättchen bestreuen und weitere 15 Minuten backen. Aus der Form nehmen und abkühlen lassen.
Diese Tarte aus Lothringen sollte am selben Tag genossen werden, da der Teig schnell weich wird.

# Tarte aux brimbelles

## HEIDELBEERTARTE

**FÜR 8 PERSONEN / 1 TARTEFORM (26 CM Ø)**

1 Rezept Tarteteig (siehe S. 48)
20 g Butter für die Form
150 g feine Löffelbiskuits
3 EL Weizenmehl
600 g Heidelbeeren
4 EL Puderzucker

Backofen auf 200 °C Ober-/Unterhitze (180 °C Umluft) vorheizen. Den Teig ausrollen und eine gebutterte Tarteform damit auslegen.
Die Löffelbiskuits auf den Teig legen. Sie nehmen die überschüssige Flüssigkeit auf und geben dem Belag seine Süße. Mit Weizenmehl bestreuen.
Heidelbeeren waschen, abtropfen lassen und auf den Löffelbiskuits verteilen.
Die Tarte in den vorgeheizten Backofen schieben und 25–30 Minuten backen.
Aus der Form nehmen und abkühlen lassen. Mit Puderzucker bestäuben.
Diese Tarte sollte am selben Tag genossen werden, da der Teig schnell weich wird.

*Dieses Rezept stammt aus der Franche-Comté, wo man zu **myrtilles** (Heidelbeeren) gerne **brimbelles** sagt. Traditionell ist die **tarte aux myrtilles** ein Gericht aus den Berggegenden Frankreichs, in denen die Beeren wild wachsen. Als abendliches Dessert können Sie diese Tarte auch mit einem **eau de vie de myrtilles** servieren.*

# FRÜHSTÜCK UND KONFITÜREN

— PETIT DÉJEUNER ET CONFITURES —

*»Geschmack ist eine Kunst, sich auf Kleinigkeiten zu verstehen.«*
*Jean Jacques Rousseau (französischsprachiger Philosoph und Schriftsteller, 1712–1778)*

# Pariser Frühstück im Bett oder Brunch

## — PETIT DÉJ' AU LIT PARISIEN OU BRUNCH —

*»Viele Menschen sprechen dem Kaffee die Eigenschaft zu, Geist zu verleihen; dabei hat gewiss jeder schon festgestellt, dass Langweiler noch mehr langweilen, wenn sie welchen getrunken haben.«*
Honoré de Balzac (französischer Schriftsteller und Kritiker, 1799–1850)

*Grasse matinée* – darin sind wir Franzosen gut. Ein Auge öffnen, die zarten, warmen Bettlaken streicheln, die Sonne entdecken, die durch die Gardinen lugt, das Pariser Stadtleben draußen pulsieren erahnen, spüren, dass es schön wird. Das Auge wieder schließen. Wie spät es wohl sein mag? Die ferne Kirchturmuhr im Stadtteil Saint Germain abwarten, die es einem verraten wird, wenn man sich nicht verzählt. Egal. Es ist zu anstrengend zu zählen. Wo ist Pierre? Da kommt er herein, mit einem Tablett voller frischer Baguette, Brioches und Croissants, Konfitüren und zwei dampfenden, heißen *bols de café*. »*Cadeau du jour, plateau d'amour*«, sagt man in Frankreich. So fängt der Tag ja gut an! Wir haben Zeit, wir können genießen, erstmal die zwei süß angemalten Frühstückseier entdecken, das eine trägt ein »*bon*«, das andere ein »*jour*«. Charmanter Tagesbeginn. Welch leckere Konfitüre, Feige-Vanille. Da hat er sich wieder etwas Originelles einfallen lassen ...

Sich wieder strecken und verliebt in den Tag faulenzen. Arbeiten können wir auch morgen, *mais oui!* Oh, ein Glas Champagner zu dem eleganten Trauben-Ziegenkäse-Cake, den wir eigentlich für heute Abend vorbereitet hatten. Da sage ich nicht nein. Dreh' den Wecker auf die Seite. Aufstehen können wir ja später. Draußen hören wir die gedämpften Geräusche des wirbelnden Paris, das mit seinen Reizen lockt und uns zum Aufstehen auffordert. Doch wir schlafen genüsslich wieder ein, in die Sonne gehüllt. Und später noch ein *bol de café* aus der alten taubenblauen Kaffeekanne, die wir so lieben, dass wir sie, nostalgisch wie wir sind, aus dem Landhaus mitgebracht haben. Sollen wir wirklich jetzt schon aufstehen, Pierre? Was haben wir noch im Kühlschrank? Sollen wir was Leichtes aussuchen, einen Salat vielleicht? Und dann gemeinsam aus der Salatschüssel essen? Lass' uns brunchen! Oder doch nach draußen, *on fait un picknick?*

# Café au lait

## QUELQUES CHOSES SUR LE CAFÉ : CAFÉ AU LAIT, NOISETTE, ESPRESSO …

*»Der Kaffee muss schwarz sein wie der Teufel, heiß wie die Hölle, rein wie ein Engel und zart wie die Liebe.«*
*Charles Maurice de Talleyrand-Périgord (französischer Politiker und Diplomat, 1754–1838)*

Der auch *café crème* genannte Kaffee besteht aus Kaffee und heißer Milch zu gleichen Teilen. Als Basis dient ein starker Filterkaffee. Die Milch wird nur aufgewärmt, nicht gekocht und nicht geschäumt.

In Frankreich wird zum Frühstück der *café au lait* in einer *bol*, einer großen konischen Schale ohne Henkel serviert, in die oft ein Baguette oder Croissant getaucht wird.

Vergleichbar ist der *café au lait* in etwa mit dem italienischen Caffè Latte, dem spanischen Café con leche, dem österreichischen Melange, dem niederländischen Kaffee verkehrt oder dem portugiesischen Galão.

Es gibt eine kreolische Version des *café au lait*, die auch in New Orleans serviert wird, den *New Orleans' café au lait*. Hier wird zu gleichen Teilen Kaffee- und Chicoréepulver benutzt.

*»Man wechselt leichter die Religion als den Kaffee.«*
*Georges Courteline (Schriftsteller, 1858–1929)*

Noch ein paar *cafés*...

CAFÉ NOISETTE: ein Espresso mit etwas aufgeschäumter Milch.

CAFÉ ALLONGÉ: ein Espresso, der mit doppelt so viel Wasser wie üblich zubereitet wird.

CAFÉ AMÉRICAIN: ein Kaffee auf Basis eines Espressos, der mit viel heißem Wasser aufgegossen wurde. Es gibt keine Crema.

CAFÉ CASSÉ: ein marokkanischer Kaffee, den es in Frankreich häufig gibt. Er wird in einem kleinen Glas serviert und enthält neben Espresso noch einen Schuss Milch.

CAFÉ FRAPPÉ: bekannt als griechischer Eiskaffee, ist aber auch in Frankreich seit Ende des 19. Jahrhunderts üblich. Hier wird zum Kaffeepulver noch etwas Zucker, Wasser, Eiswürfel und ggf. Milch hinzugefügt und leicht geschüttelt. In Marseille serviert man ihn noch mit *sirop d'orgeat*, einem Sirup mit Mandelgeschmack.

CAFÉ MOUSSE: die französische Bezeichnung für den allseits bekannten Cappuccino, der wiederum seinen Namen den Kapuzinermönchen verdankt, vermutlich in Anlehnung an die Farbe der Mönchskutten.

CAFÉ GOURMAND: ein Espresso, der im Restaurant am Ende eines Essens zeitgleich mit einigen Dessertvariationen im Miniformat serviert wird, z. B. mit *fondant au chocolat*, *crème brulée* oder einem *macaron*.

# Baguette croustillante et ses variantes

## BAGUETTE-VARIANTEN

| | |
|---|---|
| **FÜR 8 KLEINE BAGUETTES** | Backofen auf 200 °C Ober-/Unterhitze (180 °C Umluft) vorheizen. Die Hefe in eine Schüssel bröckeln. 500 ml Wasser lauwarm erwärmen (ca. 37 °C). Etwa 2 TL Wasser über die Hefe geben und rühren, bis sie sich aufgelöst hat. Dann restliches Wasser, Salz, Zucker und Öl hinzufügen. Zum Schluss das Mehl unterrühren. |
| 25 g Hefe | |
| 2 TL Salz | Den Teig mit den Knethaken des elektrischen Rührgeräts 5 Minuten oder von Hand etwa 10 Minuten kneten. Auf eine leicht bemehlte Arbeitsfläche legen und in 8 gleich große Teile schneiden. Die Stücke mit bemehlten Händen zu länglichen Baguettes formen. Mit etwas Mehl bestäuben und quer mit einem scharfen Messer das typische Muster einritzen. |
| 2 TL Zucker | |
| 1 EL Rapsöl | |
| 600 g Weizenmehl (Type 550) plus etwas für die Arbeitsfläche | |
| | Auf zwei mit Backpapier belegte Bleche legen und etwa 30 Minuten gehen lassen. Dann die Baguettes in der Mitte des Backofens 15 Minuten backen, dabei nach etwa 1 Minute Backzeit 100 ml Wasser in den Ofen gießen, damit die Luftfeuchtigkeit im Backofen erhalten bleibt und die Baguettes schön knusprig werden. Baguettes aus dem Backofen nehmen und auf einem Backrost abkühlen lassen. |

### Variante mit frischen Kräutern

Versuchen Sie es doch mal mit einer Handvoll gehackter frischer Kräuter (z. B. Basilikum oder Schnittlauch), die Sie dem Teig beimischen. Diese feinen Kräuterbaguettes gibt es so nicht zu kaufen!

### Variante mit feinwürzigem Käse

Fügen Sie dem Teig 100–150 g feinwürzigen geriebenen Käse zu und geben dafür etwa 150 ml weniger Wasser sowie etwa 100 g weniger Mehl dazu. Teilen Sie den Teig statt in 8 nun in 16 gleich große Stücke auf. Diese Baguette-Käsestangen sind eine ideale Beilage zu einem Drink vor dem Essen oder zu einem Eintopf.

# Confiture de vieux garçon

## — JUNGGESELLENKONFITÜRE —

FÜR 1–2 L

500 g Sommerobst
(z. B. Erdbeeren, Himbeeren,
Johannisbeeren, Kirschen)
500 g Zucker
1–2 l Obstler (45 %, z. B.
Williamsbirne)

Das Obst waschen, putzen und dabei schlechte Stellen sorgfältig entfernen. In einen großen Topf mit Deckel schichten, dabei jede Schicht Obst mit etwas Zucker bestreuen und über jede Obst-Zucker-Schicht jeweils etwas Obstler gießen, sodass diese davon bedeckt ist.
Den Topf mit dem Deckel schließen und den Inhalt 2–3 Monate ziehen lassen.
Die Junggesellenkonfitüre begleitet Eis oder Kuchen.

*»Wie wäre die Welt traurig ohne den Duft der Konfitüre.«*
*Georges Duhamel (französischer Schriftsteller und Dichter, 1884–1966)*

# Confiture de figues à la vanille

## — FEIGEN-VANILLE-KONFITÜRE —

**FÜR CA. 8 GLÄSER**

1 kg blaue Feigen
(sowohl weiche als auch
festere Exemplare)
1 Vanilleschote
400 g heller Rohrzucker
1 Prise Zimt
50 ml brauner Rum

Feigen waschen, die weicheren Exemplare schälen und einmal durchschneiden. Von den festeren Exemplaren die Stielansätze entfernen und die Früchte längs achteln. Die Vanilleschote längs aufschlitzen und das Mark herauskratzen. Mit Rohrzucker und 200 ml Wasser mischen. Die Feigen zugeben und alles sorgfältig vermengen. Über Nacht kühl stellen, der Zucker löst so die Feuchtigkeit aus den Feigen.
Am nächsten Tag in einem großen Topf etwa 20 Minuten erhitzen, bis die Masse köchelt. Dann Zimt und Rum einrühren. Die Masse weitere 40 Minuten sanft köcheln lassen. Dabei gelegentlich mit einem Holzlöffel umrühren.
In Gläser abfüllen, verschließen und abkühlen lassen.

### Tipp

Einmachgläser und -deckel vor der Benutzung auskochen. So werden alle Keime abgetötet und die Konfitüre hält sich besser. Gläser nach dem Einfüllen der Konfitüre fest verschlossen für einige Minuten auf den Kopf stellen.

# KALTE UND WARME GETRÄNKE

— BOISSONS FROIDES ET CHAUDES —

»Ich liebe, was mich nährt:
das Essen, das Trinken, die Bücher.«
Étienne de la Boétie (französischer Richter und Schriftsteller,
1530–1563)

# Das Gartenhäuschen meiner Mutter

## LA CABANE EN BOIS DE JARDIN DE MA MÈRE

Unser hölzernes Gartenhäuschen steht am Ende des Gartens unseres Landhauses an der Loire. Es besteht mittlerweile aus vielen Räumen. *La grande pièce*, der erste Raum, war der zentral gelegene große Raum, in dem früher die Bauersfamilie sowohl schlief als auch kochte, aß und am Feuer saß. Der zweite Raum war früher unbeheizt und barg Platz für die wunderbaren Käselaiber, die die Bauersfrau aus der Milch der im angrenzenden Raum beherbergten Kühe schuf. Nun war es an der Zeit, bei der Weiterentwicklung und Renovierung des Landhauses nicht nur an den Ausbau des Daches, in dem das Heu lagerte, und der angrenzenden Ziegen- und Schweineställe zu denken, sondern auch an den Entwurf für einen ganz einfachen Holzschuppen. Eine *cabane en bois* für all die Gerätschaften, die man für die Gartenarbeit brauchte. Doch weit gefehlt – da hatten wir die Rechnung ohne *maman* gemacht. Sie verband mit dem Wunsch nach einem Schuppen auch den Wunsch nach einem Schreib- und Zeichenplatz hinter einem nach oben zu öffnenden Fenster – für den unbezahlbaren Blick weit über die Weizenfelder bis zum Waldesrand. Sie wünschte sich auch einen erhöhten Sichtplatz sowie einen offenen, aber überdachten Liegeplatz mit Matratze für die bevorstehenden Mittagsschläfchen, die sie sich im baldigen Rentenalter wünschte. *Maman* meinte, man möge auch an die gerade neu geborenen Kätzchen denken, die dort einen zauberhaften Rückzugsort hätten. Überhaupt bräuchte sie eigentlich für die Samentütchen, die sie liebevoll füllte und auch von den Bauern aus der Umgebung geschenkt bekam, eine Wand zum Aufhängen.

Kurz und gut – es war eine kleine Herausforderung für meinen durchaus handwerklich begabten *papa*, die *cabane en bois* meiner Mutter zu entwerfen und zu gestalten. Doch wer wie er die meisten unserer Türen, Gartenbänke, Regale und Kleinmöbel wie Fußhöckerchen selbst schreinerte, der war meines Urgroßvaters aus Segonzac würdig, der Zeit seines Lebens als Schreiner wunderbare Cognac-Holzfässer oder Nussbaumkommoden schuf. Es wurde eine wundervolle *cabane en bois!* Kaum stand sie, wurde sie sofort in Beschlag genommen und dekoriert. Das Gartenhäuschen meiner Mutter hat manche

Kätzchengeburt miterlebt und beherbergt seitdem Besen, Gartenschaufeln, Beile, Äxte, Gartenscheren jeder Art und Größe, Bürsten und Eimer, Töpfe, Karren, Harken, Unkrautstecher, Rechen, Erdkrallen, Tomatenstecken, Rosenscheren und was die Nachfolgenerationen an Amateurgärtnern unter uns sonst noch alles benötigen, um den Garten unseres Landhauses weiter zu pflegen. Wir genießen dabei all die schönen kleinen Sitz- und Betracht-Plätze, die *maman* sich damals erdacht hatte. Seitdem wurde die *cabane en bois* für das eine oder andere Gartenfest als Bar benutzt. In den Regalen lagert *Pineau des Charentes,* das Lieblingsgetränk meiner Großmutter, das wir nur noch für ein Fest mit Champagner auffüllen müssen, oder auch der wunderbare *vin de confitures.* Eine Lichtergirlande aus bunten Lichtern wartet nur noch, dass wir sie anschalten. Freunde und Familie, bunte Lichter, Musik, Getränke – und die Feste ergeben sich von alleine unter dem Sternenhimmel der Loire. *Quelle jolie cabane en bois!*

# Pineau royal

— PINEAU ROYAL —

*Que Marie conserve en votre âme*

**FÜR 4 GLÄSER**

200 ml Pineau
50 ml Armagnac
50 ml Ananassaft
200 ml Champagner
Eiswürfel

Alle Zutaten in einen Shaker geben und schütteln.
In Gläser füllen und die Eiswürfel hineingeben.

»Der Wein ist die Höhle der Seele.«
Erasmus von Rotterdam (niederländischer Humanist und Theologe, 1466–1536)

# Vin de confitures

## — KONFITÜRENWEIN —

**FÜR CA. 500 ML**

500 g Reste von der Konfitürenherstellung (z. B. Brombeer- oder Himbeerkerne)
500 ml Weißwein
5 ml klarer Obstler

Den Weißwein auf die Fruchtreste gießen und 24 Stunden ziehen lassen. Dann durch ein Sieb abgießen. Anschließend den Obstler hinzufügen.
In Flaschen füllen und gut verschließen.

*Dies ist ein leichtes Rezept, mit dem man aus Fruchtabfälllen, die z. B. beim Konfitürekochen entstehen, einen herrlich hochprozentigen Wein selbst herstellen kann.*

# Thé aux fleurs de cerisiers et mirabelles

## — KIRSCH- UND MIRABELLENBLÜTENTEE —

**FÜR 1½ L**

20 g schwarze Teeblätter
(z. B. Darjeeling, Keemum,
Ceylon oder Assam)
1 Handvoll Kirsch- und
Mirabellenblüten

1½ l Wasser aufkochen, dann kurz abkühlen lassen. Das Wasser sollte beim Aufgießen nicht mehr kochen.
Schwarze Teeblätter in eine große, mit heißem Wasser ausgespülte Kanne geben. Kirsch- und Mirabellenblüten hinzufügen, dann mit Wasser aufgießen. 3 Minuten ziehen lassen.
Den Tee durch ein Sieb in eine andere Kanne abgießen und mit Zucker oder Honig servieren.

# Grog charentais

## — GROG AUS COGNAC —

**FÜR 2–3 TASSEN**

500 ml schwarzer Tee
4 TL Zucker
2 kleine Gläser Cognac
1 Bio-Zitrone

Den Tee wie auf Seite 168 beschrieben zubereiten. Den Zucker in die Tassen geben, den Cognac gleichmäßig verteilen und umrühren. Mit dem heißen Tee aufgießen. Je 1 Zitronenscheibe in die Tassen geben und servieren.

PARIS - La Conciergerie

# Register

- A. Apfelbrioches — 140
  - Artischockencremesuppe aus der Bretagne — 76
- B. Baguette-Varianten — 155
  - Baskischer Kirschkuchen — 143
  - *Beignets de fleurs* — 139
  - *Beurre au citron – et ses variantes au fromage, à la vanille, au poivre ou aux herbes* — 107
  - Blauschimmelkäse-Gratin mit Feigen — 14
  - Blütenkrapfen — 139
  - *Boeuf carotte au vin blanc du Chateau de Rully* — 42
  - *Bonbon moelleux au chocolat* — 116
  - *Bouchées à la reine* — 109
  - *Bouchées de marron au chocolat* — 120
  - *Brioche au „matafan"* — 140
- C. *Café au lait* — 152
  - *Cake au roquefort et aux noix* — 100
  - Champignontarte — 86
  - Clementinensoufflé mit korsischem Brocciu-Frischkäse — 126
  - *Confiture de figues à la vanille* — 159
  - *Confiture de vieux garçon* — 156
  - *Coq au vin jaune* — 32
  - *Crème de tomates fraîches au basilic* — 70
- E. *Escalope de veau au caramel d'orange* — 36
- F. Feigen-Vanille-Konfitüre — 159
  - Fischeintopf à la Normandie — 61
  - Fischklößchen aus Lyon mit Tomaten-Oliven-Coulis — 58
  - *Fonds d'artichauds Parmentier* — 20
  - *Fraises à la Charentaise* — 129
  - Frische Tomatencremesuppe mit Basilikum — 70
  - *Fromagère lorraine aux mirabelles* — 144
- G. *Gâteau basque* — 143
  - *Gateau de pommes de terre charentais* — 48
  - Gezuckerte Rosenblütenblätter — 119
  - *Gratin de Bleu d'Auvergne aux figues* — 14
  - Grog aus Cognac — 170
  - *Grog charentais* — 170
- H. Hähnchen in Vin Jaune — 32
  - Heidelbeertarte — 146
  - Hummer bretonischer Art — 62
- J. Junggesellenkonfitüre — 156
- K. Kalbseintopf aus der Charente — 33
  - Kalbsschnitzel mit Orangenkaramell — 36
  - Kaninchenbraten mit Cidre — 44
  - Kartoffel-Reblochon-Käse-Pfanne aus der Ardèche — 110
  - Kartoffel-Sellerie-Salat à la Yvette — 13
  - Kartoffelkuchen aus der Charente — 48
  - Käsetarte aus dem Poitou-Charentes — 90
  - Kirsch- und Mirabellenblütentee — 168
  - Konfitürenwein — 167
  - Königinnenpastete — 109
  - Kürbissuppe mit Maronen — 79
- L. *Lapin au cidre* — 44
  - Lauchsoufflé — 88
  - Linsensalat mit frischen Kräutern und Feigen — 17
- M. *Marmite de veau au Pineau des Charentes* — 33
  - Maronen-Weizen-Brot — 104
  - Maronenpüree — 130
  - Miesmuscheln bretonischer Art — 54
  - Mirabellen-Frischkäse-Tarte aus Lothringen — 144
  - Mit Calvados flambiertes Hähnchen — 47
  - Möhren-Orangen-Champagnercremesuppe — 74
  - *Moules bretonnes* — 54
  - *Mousse à la crème Chantilly chocolat* — 123
- N. Nizzaravioli — 40
- P. *Pain à la farine de châtaignes* — 104
  - *Pan bagnat* — 18
  - *Pela* — 110
  - *Pétales de roses cristallisés* — 119
  - *Petalou charentais* — 90
  - *Pineau royal* — 164
  - Pineau-Erdbeeren — 129

»Gute Küche heißt, dass die Dinge so schmecken, wie sie sind.«
Curnonsky (französischer Gastronom, 1872–1956)

| | |
|---|---|
| Potage aux fines herbes | 73 |
| Potée normande | 61 |
| Poulet flambé au calvados | 47 |
| Provenzalischer Tomaten-Zitronen-Brotsalat | 18 |
| Purée de marrons | 130 |

Q . Quenelles lyonnaises – Coulis de tomate aux olives noires  58

R . Ratatouille mit Zitrone und herbstliche Ratatouille-Variante  92
Ravioli à la niçoise  40
Rinderschmorbraten mit Möhren in Weißwein  42
Roquefort-Terrine mit Pflaumen aus Agen  21
Roquefortcake mit Nüssen  100

S . Salade de lentilles aux herbes fraiches et figues  17
Salade Yvette  13
Saucisses aux échalotes de Toulouse  39
Sauerampfersuppe  73
Schokoladen-Maronenkugeln  120
Schokoladen-Sahne-Creme  123
Seezunge auf normannische Art  57
Soufflé clémentine au brocciu  126
Soufflé Picard  84
Soupe aux artichauts Camus de Bretagne  76
Soupe chaude aux cerises  124
Soupe de potiron aux châtaignes  79

T . Tarte aux champignons de Paris  86
Tarte au Manslois  103
Tarte aux brimbelles  146
Terrine de Roquefort aux pruneaux d'Agen  21
Thé aux fleurs de cerisiers et mirabelles  168

Ü . Überbackene Artischockenherzen mit Kartoffelpüree und Ei  20

V . Velouté de carottes à l'orange et au champagne  74
Vin de confitures  167

W . Warme Kirschsuppe  124
Weiche Schokoladenbonbons  116
Würste mit roten Schalotten  39

Z . Ziegenfrischkäsetarte mit Salat  103
Zitronenbutter – und verschiedene Varianten mit Käse, Vanille, Pfeffer oder frischen Kräutern  107

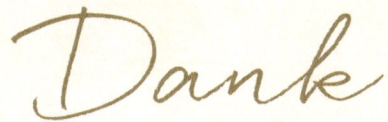

Ein Buch hat viele Mitgestalter. Ich hatte das Glück, zum ersten Mal meine Tochter Amandine in eines meiner Bücher einzuladen. Sie ist der Einladung gefolgt und hat alle *bon mots* gefunden und getextet, die dem Buch seine kleine feine Würze geben. Es ist ihr »erstes Buch«! *Un merci* an den Pavillon Henri IV in Saint-Germain-en-Laye, in dem ich nicht nur unvergessliche Stunden mit einem Blick über das Seinetal und über Paris erleben, sondern auch mit dem Chefkoch in traumhafter, wahrhaft königlicher Kulisse kochen durfte. Danke für die wunderbaren Locations in Antiquitätenläden und *péniches*, den typischen länglichen Seine-Booten, die wir für das Styling und die Fotos nutzen konnten. Danke für die Inspiration, die mir unser Landhaus Le Piquet, meine Eltern und ihr großer Garten an der Loire schenkten. Das Landhaus ist nun meines. Es war Kulisse für manche der hier versammelten Fotos, bei deren Auswahl aus der reichen Sammlung mein Sohn Joël mir mit viel Spaß zur Hand ging. Ich werde es in ihrem Sinne hüten. Amandine und Joël sind schon lange, zusammen mit ihren vielen Cousins und Cousinen, Fans dieses jahrhundertealten Loire-Hauses. Meine Großmutter Mamie, eine der starken Frauen aus unserer Rousseau-Familie, hat mir, zusammen mit meinem Vater, die Liebe zu französischem Essen vererbt, indem sie Tag für Tag mehrgängige Menüs zauberte. Ihnen beiden verdanke ich nicht nur herrliche Rezepte, sondern eigentlich mein »Kochbuchautorinnen-Dasein«. *Un merci aussi* – wie für meine anderen Bücher – an Michel Rousseau, den Weinexperten unter uns, für die eine oder andere Weinempfehlung, die er mit meinem Vater Jean-Pierre teilte. *Santé, ihr beiden!* Ich bin dankbar für die einzigartigen historischen französischen Kochbücher aus dem Fundus meiner Familie. Wir Rousseaus sind seit Jahrhunderten begeisterte Köche – das habe ich an den Eintragungen meiner Ur-Urgroßmütter in einem Rezeptbuch aus der Mitte des 19. Jahrhunderts erkennen können. Dank an den Sammler Michael Dyllick-Brenzinger für die Nutzung seiner einmaligen Sammlung historischer französischsprachiger Kochbücher – die historischen Illustrationen bereicherten schon das vierte meiner Bücher. Ein Dank an das Team vom BusseSeewald Verlag für das Vertrauen, besonders an meine Lektorin Christine Rauch und an meine Literaturagentin Beate Riess sowie an alle, die an diesem Buch mitgewirkt haben und die mich mit ihrer Buch-Professionalität in manchem Moment zur Seite standen. Ich bin bei meinem nun sechsten Buch für die Rezepte und für die Texte, das Konzept und die Gestaltung zuständig gewesen, und für die Fotografien durfte ich nun ein weiteres Mal mit Marie Preaud arbeiten und so manch' ein Food-Abenteuer mit ihr teilen – eine wahre Quelle der Freude und Inspiration. *Tu es géniale, Marie!* Danke allen bekannten und auch anonymen Personen vor und hinter meiner Linse. Sie haben das Jahr, in dem ich dieses Buch geschrieben und gestaltet habe, außerordentlich bereichert. Meinen Köchinnen, Nachbarinnen und Freundinnen an meiner Seite gilt ein *grand merci* zu sagen: Brigitte Ehls, Marion Geiser, Michaela Gromann, Christina Heider, Natascha Dospial, Regina Hummel, Christine Pirtauer. Ihr seid klasse! Ein Dank *en secret* an Pierre für die wunderbare Zeit und für alles, was er mir geschenkt hat. Nach wie vor geht ein Dank an Edouard Cointreau, durch den die internationale Cookbook-Welt langsam fester Bestandteil meiner Autoren- und PR-Tätigkeit geworden ist, für Beijing, Cognac, Yantai, Paris, Frankfurt und noch viele weitere Koch-Locations. Seine Wertschätzung bedeutet mir viel. An mein »Dream-Team« Jutta, Katja, Natasha, Nina und Regina: Danke für die immerwährende Freundschaft und Unterstützung! Danke auch an meine kleine, mir alles bedeutende Familie, Amandine, Joël und Jean-Luc.

### Murielle R. Rousseau-Grieshaber

geboren 1966 bei Paris als Tochter eines Franzosen und einer Deutschen, wuchs in Saint-Germain-en-Laye auf und ging mit 19 Jahren nach Deutschland, um dort ihr Studium der Romanistik, Linguistik und Germanistik zu beenden. Seit 1995 betreibt sie eine Agentur für Presse und Öffentlichkeitsarbeit für Verlage, Autoren und Kultur mit Standorten in Berlin und Freiburg und ist Universitätsdozentin für PR in Freiburg, Mannheim und Straßburg. Sie hat bereits mehrere Kochbücher veröffentlicht, für die sie verschiedene Auszeichnungen, unter anderem den Gourmand Cookbook Award für das »beste französische Kochbuch der Welt«, erhalten hat. Seit 2008 ist sie regelmäßig in der Fernsehsendung *Kaffee oder Tee* als SWR-Köchin und anderen Foodshows zu sehen und als Kolumnistin in Zeitschriften zu lesen. Sie lebt mit ihrer Familie in Freiburg.

### Marie Preaud

geboren und aufgewachsen in Frankreich, studierte Fotografie in Paris und New York. Für ihre Arbeiten wurde sie mehrfach ausgezeichnet, unter anderem mit dem begehrten ASMP Image Award. Ihre Werke wurden in Galerien in Deutschland, Frankreich und den USA ausgestellt. Marie Preaud ist Autorin mehrerer Bildbände und ihre Bilder werden international veröffentlicht. Sie lebt mit ihrer Familie in Frankfurt am Main.

## Impressum

TEXT, REZEPTE UND STYLING: Murielle Rousseau
FOTOS: Marie Preaud
LAYOUT UND SATZ: Diana Dörfl, dörfl-multivitamine, Konstanz
LEKTORAT: Bettina Snowdon
PRODUKTMANAGEMENT: Christine Rauch
DRUCK UND BINDUNG: FIRMENGRUPPE APPL, aprinta druck, Wemding

© Lifestyle BusseSeewald in der frechverlag GmbH, Turbinenstraße 7, 70499 Stuttgart, 2017

Angaben und Hinweise in diesem Buch wurden von der Autorin und den Mitarbeitern des Verlags sorgfältig geprüft. Eine Garantie wird jedoch nicht übernommen. Autorin und Verlag können für eventuell auftretende Fehler oder Schäden nicht haftbar gemacht werden. Das Werk und die darin enthaltenen Rezepte sind urheberrechtlich geschützt. Die Vervielfältigung und Verbreitung ist, außer für private, nicht kommerzielle Zwecke, untersagt und wird zivil- und strafrechtlich verfolgt. Dies gilt insbesondere für eine Verbreitung des Werkes durch Fotokopien, Film, Funk und Fernsehen, elektronische Medien und Internet sowie für eine gewerbliche Nutzung der Rezepte.

1. Auflage 2017

ISBN 978-3-7724-7433-0 • Best.-Nr. 7433